ORAÇÃO PROFÉTICA MILAGROSA PARA ENGRAVIDAR

Profetisa
Clauzele Tendresse Faith

Dedicação

Dedico este trabalho a Deus Pai, criador do céu e da terra, bem como à minha filha Brenda Blessed, pois ela é a causa desta inspiração, que me impulsionou a alcançar este resultado!

RESUMO

SOBRE O AUTOR

A serva de Deus Clauzele Tendresse Faith, nasceu de uma família cristã de seis filhos, dos quais ela mesma é a terceira da família. Ela é casada e mãe de quatro filhos. Ela é uma guerreira espiritual no evangelho. Autor, palestrante e especialista em guerra espiritual.

Ela exerce o ministério profético desde muito jovem, após sua ressurreição dentre os mortos em 1997. Foi então que ela seria chamada pelo Senhor Jesus Cristo para servir como profetisa. Batizado em 27 de setembro de 1994 em Kinshasa.

Foi consagrada serva de Deus em 1997, pelo ungido de Deus, Apóstolo Dhandu Emmanuel Jacob. Deus concedeu-lhe a graça de exercer seu ministério profético com cinco ramos:

Divida o poder da guerra espiritual em oração e libertação.
Departamento de Casais e Noivado.
Departamento de Reprodução e Maternidade.
Departamento Juvenil.
Orientador.

Ela viajou para vários países, pregando o evangelho e liderando orações de libertação.

Muitas famílias e casais foram salvos e abençoados em seu ministério. Um servo ungido de Deus e cheio de unção divina na área da oração.

Em seguida, impulsionada pelo Espírito Santo, ela preferiu colocar em benefício dos filhos de Deus este livro cheio de inspiração na área da oração de combate espiritual.

OBRIGADO

Gostaria de agradecer ao Deus Eterno por ter me inspirado a escrever esta obra, posteriormente, ao meu revisor: Apóstolo Samuel Ntumba Luboya. Ao meu pai espiritual: Apóstolo Dhandu Emmanuel Jacob. Para minha irmã mais nova, Destino Feliz. A todos os filhos do Ministério Fé Clauzele Fé Triunfante. Obrigado pelo seu apoio e incentivo!

SOBRE O LIVRO

Apresento a vocês este livro inspirado por Deus, para expirar colocando à sua disposição uma série de orações poderosas inspiradas pelo Espírito Santo, pelos frutos do ventre. Este livro contém cinco capítulos, cujo conteúdo nos dá informações sobre orações proféticas milagrosas pelos frutos do ventre. Mas também, ensina-nos a vida de oração, num combate espiritual, e mostra-nos como rezar pelos frutos do ventre, aos casais ameaçados pela esterilidade.

Estas orações proféticas são de elevada dimensão espiritual em Jesus Cristo, porque os resultados estão à altura das exigências dos casais. Estas são orações que nunca falham, a menos que sejam feitas por engano ou sem fé em Jesus Cristo!

Mas por outro lado, não falham, porque temos provas, os depoimentos de mulheres que tiveram dificuldade para engravidar, acabaram testemunhando o poder de Jesus Cristo, por causa desses cinco capítulos e diferentes categorias de orações. Assim como Jesus Cristo nos mostrou na Bíblia como orar, o mesmo acontece com essas orações inspiradas pelo poder do Espírito Santo. Porque a palavra de Deus diz:

Da mesma forma também o Espírito nos ajuda na nossa fraqueza, porque não sabemos o que é apropriado pedir nas nossas orações. Mas o próprio Espírito intercede com suspiros inexprimíveis. **Romanos 8:26.**

Como você não sabe o que é apropriado pedir em suas orações, o Espírito Santo sabe, o que é apropriado você pedir em suas orações é através desta oração inspirada pelo Espírito Santo, que é certo para você pedir em suas orações. Se você puder entendê-lo de acordo com a palavra de Deus, que diz: Toda a Escritura é inspirada por Deus e útil para o ensino, para a repreensão, para a correção, para a educação na justiça. **2Timóteo 3:16.**

Portanto, uma oração inspirada por Deus vem das Sagradas Escrituras. Ela é Espírito e Vida. Porque sua fonte é a palavra de Deus. Visto que Deus é a palavra, a oração milagrosa é uma obra divina. Este livro é uma primeira série de orações milagrosas, que será seguida por tantos outros livros que falam sempre de oração em outra dimensão da oração de combate espiritual.

INTRODUÇÃO

Venho compartilhar com vocês minha experiência a respeito do milagre da oração os frutos do ventre. Depois que faleci em 1997, o Senhor Jesus Cristo me trouxe de volta à vida. Foi então que comecei a exercer meu ministério publicamente. Depois de ter filhos no meu casamento, adoeci, foram extraídas as duas trompas de ovário, o Deus Eterno não me abandonou, me abençoou com uma filha que eu desejava, foi depois que meu útero foi retirado devido a uma complicação no estômago.

Sou uma pessoa que milagrosamente teve um menino, porque não tinha útero, os médicos me declararam estéril e estava fadada a ainda não ter filhos na vida. Meu testemunho pode permitir que você acredite que é possível você também vivenciar o mesmo milagre através da oração os frutos do ventre, porque Deus nunca mudou, Jesus Cristo é o mesmo, ontem hoje, eternamente.

A oração profética é uma demonstração da nossa fé em Jesus Cristo, quem ora está demonstrando o que acredita de coração, ao confessá-los com a própria boca em forma de orações. Porque a Bíblia diz: Tudo o que pedirmos em nossas orações, acreditemos que o recebemos, então veremos se materializar em nossa vida.

Quem ora pela fé está profetizando, pois tudo o que não é objeto de convicção é pecado. A convicção explica a fé que temos na palavra de Deus em nosso coração. E quando confessamos o que acreditamos em nosso coração, isso; é um ato profético que desencadeia milagres no poderoso nome de Jesus Cristo.

Temos dele a garantia de que, se pedirmos alguma coisa segundo a sua vontade, ele nos ouve. E se sabemos que Ele nos ouve, algo que pedimos, sabemos que temos o que pedimos a Ele. **1 João 5:14-15.**

A garantia que temos é a fé em Jesus Cristo, que é a primeira parte da fé em Deus, segundo o livro Hebreus 11:1. Ora, a fé é o firme fundamento das coisas que se esperam, e a prova das coisas que não se vêem.

A fé começa com uma firme segurança, não podemos orar sem segurança, da qual diz a palavra de Deus: Se pedirmos alguma coisa segundo a sua vontade, Deus nos ouvirá. Mas se pedirmos algo fora da Sua vontade, Ele não nos ouvirá, por pior que seja a situação em que nos encontremos.

A vontade de Deus representa a sua palavra, porque Deus é a Palavra, ele não pode separar-se de si mesmo. Onde não se encontra a palavra de Deus, há ausência da vontade divina. Neste caso, para termos o milagre dos frutos do nosso ventre, é importante nos referirmos à palavra de Deus, ou ao que a sua palavra nos recomenda para termos algo segundo a sua vontade.

Deus criou o homem à sua imagem; e tenha domínio sobre os peixes do mar, e sobre as aves do céu, e sobre todo ser vivente que se move sobre a terra. **Gênesis 1:27-28.**

A fertilidade é uma vontade divina para o homem, quem precisa ser fértil, é sábio orar conforme a vontade divina, referindo-se à bênção divina que diz: Seja fecundo! A falta de fertilidade provocará esterilidade.

Porque a ausência de fertilidade será substituída pela esterilidade. A esterilidade é uma maldição sem causa, que deve ser erradicada por orações proféticas milagrosas pelos frutos do útero.

Deus lembrou-se de Raquel, ouviu-a e tornou-a fecunda. **Gênesis 30:22.**

O caso de Raquel é claro, porque ela havia orado, foi então que Deus se lembrou dela e a ouviu milagrosamente. Sem a oração profética, Raquel não se tornaria fértil novamente e posteriormente teria um filho.

Servimos a um Deus vivo. Nada é impossível com Deus. Ele é o nosso Deus de misericórdia. Ele trouxe você para este casamento para cumprir o propósito de ter filhos e prosperidade. Ele não designou você para sofrer assim. Ele não está feliz por você estar passando por dificuldades infantis em seu casamento. Ele está totalmente ciente de sua situação atual.

Ele prometeu conceder os desejos do seu coração e acredite que Ele está trabalhando na hora certa para enxugar suas lágrimas. O Senhor fez isso por muitas pessoas no mundo e na Bíblia: Sara esperou, mas o Senhor se lembrou dela. Ana, Raquel e Isabel esperaram, mas o Senhor lembrou-se delas e concedeu-lhes o desejo de seus corações. Ele é o mesmo Deus ontem, hoje e sempre.

Deus fará o que parece impossível aos homens, dando-lhes os seus próprios filhos. Pare de se preocupar, sua gravidez acontecerá milagrosamente no poderoso nome de Jesus Cristo!

CAPÍTULO 1

UM TESTEMUNHO DE CONFORTO PARA SUA FÉ EM JESUS CRISTO

Este casal acreditou em Deus pelo fruto do ventre durante quatorze anos. Os resultados médicos provaram que não havia nada de errado com eles. Tentaram de tudo para engravidar, mas todas acabaram abortadas. O casal permaneceu forte e nunca desistiu de suas orações e fé em Deus.

Apesar da pressão da mãe do homem para se divorciar da mulher e casar novamente com outra mulher. O homem recusou-se a tomar esta decisão. Ambos continuam confiando no Senhor e ainda acreditam que Deus enxugará suas lágrimas e surpreenderá seus escarnecedores.

A boa notícia é que no final todos se tornaram pais felizes. Mas isso não aconteceu até que eles tivessem fé em Deus. Minha oração por você é que seja a próxima a conceber e dar à luz bebês, no poderoso nome de Jesus Cristo!

Não importa qual seja o plano do inimigo contra você, ele sempre ficará paralisado, no poderoso nome de Jesus Cristo!

Tenha coragem e tenha sempre fé em Jesus Cristo, o que você acredita em seu coração, confesse com sua boca fazendo diversas vezes declarações proféticas:

Estou grávida, tenho filhos, sou mãe ou pai de vários filhos no poderoso nome de Jesus Cristo!

Antes de começar sua oração, tenha coragem de meditar nessas escrituras, abaixo, meditando nelas, espero que você se convença e tenha uma imagem do que Deus fará em sua vida depois de orar com fé no poderoso nome de Jesus - Cristo!

Leia estas Escrituras e medite nelas: Isaque implorou ao Senhor por sua mulher, porque ela era estéril, e o Senhor o ouviu: Rebeca, sua mulher, concebeu. **Gênesis 25:21.**

Ao chefe dos cantores. Salmo de Davi. Que o Senhor te ouça no dia da angústia, que o nome do Deus de Jacó te proteja! Que ele te envie ajuda do santuário, que ele te apoie desde Sião! Que ele se lembre de todas as suas ofertas e aceite os seus holocaustos. Quebrar. **Salmos 20:1-4.**

Ele dá um lar à estéril, faz dela uma mãe alegre entre seus filhos. Louve o Senhor! **Salmos 113:9.**

Mas o anjo lhe disse: Não tenha medo, Zacarias; pois sua oração foi ouvida. Sua esposa, Isabel, lhe dará um filho, e você lhe dará o nome de João. **Lucas 1:13.**

Hoje passarei por todo o seu rebanho; separem entre as ovelhas todo cordeiro malhado e malhado e todo cordeiro preto, e dentre as cabras todo cordeiro malhado e malhado. Este será o meu salário. **Gênesis 30:32.**

Eis que também Isabel, tua parenta, concebeu um filho na sua velhice, e aquela que era chamada estéril já está no sexto mês. Porque nada é impossível para Deus. **Lucas 1:36-37.**

Por isso eu lhe digo: tudo o que você pedir em oração, acredite que você recebeu e verá que será realizado. **Marcos 11:24.**

Você será mais abençoado do que todas as pessoas; não haverá entre vós homem nem mulher estéril, nem animais estéreis entre os vossos rebanhos. **Deuteronômio 7:14.**

Uma recomendação: São sete dias de jejum e orações, das seis da manhã às seis da tarde.

Muitas vezes em nossas vidas sentimos que não há mais nada pelo que esperar. Felizmente, Deus nos prometeu que cuidará de nós e suprirá nossas necessidades. Uma das maneiras pelas quais Ele lida com nossos corações é por meio de Sua Palavra e das orações que fazemos a Ele. Nisto também daremos uma olhada em algumas orações poderosas sobre a fertilidade. Oro para que essas orações abram milagrosamente seu ventre. Orações de testemunho pelos frutos do ventre:

Obrigado Senhor Jesus Cristo, porque posso ver meus filhos, posso sentir minha barriga se abrindo para abraçar meus filhos. Obrigado Senhor Jesus Cristo.

Pai, em nome de Jesus, por sua misericórdia, que haja intervenção divina em minha vida pelo comando de Sara "Gênesis 21:1" no poderoso nome de Jesus Cristo!

Pois está escrito: Não haverá estéril na terra. Oh Senhor meu Deus, abra meu ventre para conceber e ter filhos, no poderoso nome de Jesus Cristo!

Pai, no poderoso nome de Jesus Cristo, pelo comando de Raquel, ouça minha voz e encha minha boca e meu casamento com testemunho, no poderoso nome de Jesus Cristo!

Senhor, você me prometeu que meu casamento será uma bênção e que meus filhos cercarão minha mesa. Pai Celestial, chegou a hora, que esta promessa se torne realidade em minha família, no poderoso nome de Jesus Cristo!

Criador do céu e da terra, sua palavra me diz que sou fecundo e que multiplicarei e encherei a terra, neste momento, oh Senhor Jesus Cristo, permaneço em suas promessas que nunca falharão. Abençoe a nós e aos nossos filhos, no poderoso nome de Jesus Cristo!

Oh Senhor, eu chorei por tanto tempo, coloque um sorriso em meu rosto enquanto você me abençoa com filhos neste ano, no poderoso nome de Jesus Cristo!

A ti, Senhor, coloco em ti minha esperança e confiança, não me deixe ter vergonha, nunca deixe meus inimigos zombarem de mim e me perguntarem onde está meu Deus!

Você é o doador de filhos, você abençoou Ana ao dar-lhe Samuel, e Sara ao dar-lhe Isaque, abençoe-me também ao dar meus próprios filhos, ó Senhor, no poderoso nome de Jesus Cristo!

O Senhor me abençoou com tantas riquezas e propriedades, mas Senhor, preciso de um filho para me conceder os desejos do meu coração, no poderoso nome de Jesus Cristo!

Pai, no poderoso nome de Jesus Cristo, minha esposa tem chorado muito, e com o passar do dia, ela se torna uma sombra de si mesma, por favor, Senhor Deus, visite-nos com os filhos, e seremos eternamente gratos, no poderoso nome de Jesus Cristo!

Oh Senhor, estabeleça-me neste casamento e faça de mim uma mãe feliz, dando-me filhos biológicos, no poderoso nome de Jesus Cristo!

Sua palavra diz em Jeremias 29:11. "Pois eu conheço os planos que planejei para vocês, diz o Senhor, planos de paz e não de mal, para lhe dar um futuro e esperança. » Eu sei que seus pensamentos em relação a mim não são infertilidade ou abortos espontâneos, então abra meu ventre para gerar meus filhos e ser uma mãe feliz, no poderoso nome de Jesus Cristo!

Senhor Jesus Cristo, na cruz do Calvário, você disse "está consumado" e isso inclui; minha dor e minha tristeza. Agora mesmo, Senhor, enxugue minhas lágrimas abençoando minha barriga, no poderoso nome de Jesus Cristo!

Os filhos são uma herança de Deus. **Salmos 127:3**

"Eis que os filhos são uma herança da parte do Senhor, e o fruto do meu ventre é uma recompensa." Senhor Jesus Cristo, preciso da minha herança, dê-me agora, no poderoso nome de Jesus Cristo!

Minha mãe e meus sogros carregam seus netos, Senhor Jesus Cristo, tire de mim essa vergonha e me ajude a realizar os desejos de seus corações, no poderoso nome de Jesus Cristo!

Eu dependo apenas de Você, ó Deus Onisciente, não tenho Deus além de Você, por favor, dê-me um motivo para sorrir novamente em meu casamento, no poderoso nome de Jesus Cristo!

Meu marido e eu amamos crianças e mal podemos esperar para celebrar nossos próprios filhos. Faça isso por nós, Senhor Jesus Cristo!

Em nome de Jesus Cristo, levante-se! E que os inimigos da minha alegria fértil sejam imediatamente dispersados, no poderoso nome de Jesus Cristo!

Entro em conflito com todo marido espiritual que usa a imagem do meu marido para me poluir em meus sonhos com o poder do sangue de Jesus Cristo, e isso no poderoso nome de Jesus Cristo!

Denuncio toda criança espiritual que está bloqueando o caminho dos meus filhos dados por Deus agora mesmo, no poderoso nome de Jesus Cristo!

Acredito no relato do Deus Todo-Poderoso, portanto, cancelo qualquer laudo médico negativo sobre miomas, miomas, cisto, clamídia; DSTs, DSTs, tubos bloqueados no meu sistema, no poderoso nome de Jesus Cristo!

Cada flecha de aborto espontâneo, gravidez fracassada e nudez disparada em minha vida pelo mundo das trevas, seja devolvida ao remetente, no poderoso nome de Jesus Cristo!

Jeová Jireh me visita com uma criança como na ordem de Sarah Gênesis 21:1 "Lembrou-se o Senhor do que havia falado a Sara, e o Senhor cumpriu para Sara o que havia prometido." No poderoso nome de Jesus Cristo!

Está escrito em Êxodo 23:26 "Não haverá na tua terra mulher que aborte, nem mulher estéril. Completarei o número dos teus dias." Firmando-me nesta palavra, Senhor Jesus Cristo, recuso-me a ser estéril por mais tempo, reivindico meus filhos imediatamente, no poderoso nome de Jesus Cristo!

Pai Celestial em nome de Jesus Cristo, eu clamo a você, meu Senhor, tenha misericórdia de mim, deixe o som da alegria ser ouvido em minha casa, no poderoso nome de Jesus Cristo!

Pelo sangue de Jesus Cristo que fala melhor que o de Abel, apago toda palavra negativa que foi dita durante minha vida e profetizo positividade em minha vida. Comece a falar sobre coisas positivas para sua vida, no poderoso nome de Jesus Cristo!

Meu ventre, agora ouça a palavra de Deus, receba vida, tenha filhos, seja frutífero e reabastecido, no poderoso nome de Jesus Cristo!

Senhor, eu sei que sou um pecador e de várias maneiras não alcancei a tua glória, ó Senhor, se minha falta de filhos é o resultado de meus pecados e ignorância passados, Pai, tenha misericórdia de mim e enxugue minhas lágrimas, no poderoso nome de Jesus Cristo!

Quem pode falar quando o Senhor não falou, toda voz maligna que fala mais alto que a voz de Deus sobre minha vida, meu marido e minha família é silenciada pelo fogo do Espírito Santo, no poderoso nome de Jesus -Cristo!

Pai Celestial, em nome de Jesus Cristo, quebro todos os espelhos do reino das trevas que têm sido usados para cuidar de mim e de meu marido sempre que nos acasalamos, no poderoso nome de Jesus Cristo!

Que o choro de um bebê seja ouvido em minha casa, que a canção de alegria encha minha casa, que meu marido seja chamado de Pai, e que eu seja chamada de mãe, no poderoso nome de Jesus Cristo!

Senhor Jesus Cristo, fui desafiada, estou me aproximando da minha menopausa, portanto; Peço humildemente gêmeos, para me compensar pelos meus anos de espera e paciência, isso no poderoso nome de Jesus Cristo!

Pai Celestial, eu te abençoo Senhor, pois você é muito fiel, você não falha, você prometeu que enxugaria minhas lágrimas, por isso permaneço firme e cumpro suas promessas, pois sei que isso certamente acontecerá, no poderoso nome de Jesus - Cristo!

Meu ventre, ouça a voz de Deus, abra e carregue meus filhos, no poderoso nome de Jesus Cristo!

Não importa quanto tempo demore, sei que o tempo de Deus é o melhor, não vou desistir, no poderoso nome de Jesus Cristo!

Declaro que minhas mãos carregarão meus bebês na hora marcada que já chegou, no poderoso nome de Jesus Cristo!

Sara, pela fé, recebeu força para conceber uma semente. Por ordem de Sara, agora recebo força do alto, no poderoso nome de Jesus Cristo!

Declaro em nome de Jesus Cristo, a quem estou concebendo, no poderoso nome de Jesus Cristo!

Hoje declaro que sou uma videira frutífera na casa do meu marido, e meus filhos como oliveiras ao redor da minha mesa, no poderoso nome de Jesus Cristo!

Declaro os nomes dos meus filhos "mencione os nomes que você deseja que seus filhos levem" e assim será, no poderoso nome de Jesus Cristo!

Sou fecunda, sou mãe, sou abençoada, sou vitoriosa, saio forte da sala de parto, no poderoso nome de Jesus Cristo!

Cancelo todo julgamento maligno estabelecido contra nós em nosso casamento, no poderoso nome de Jesus Cristo!

Meu ventre, ordeno que receba a visitação divina e dê frutos agora, no poderoso nome de Jesus Cristo!

Chegou a minha hora, qualquer forma de esterilidade no meu relacionamento, seja divinamente restaurada recebendo a multiplicação, em nome de Jesus Cristo!

Resisto a todo medo da morte durante a concepção e, portanto, declaro que tanto na concepção quanto no parto, sairei vitorioso, no poderoso nome de Jesus Cristo!

Verei os filhos dos meus filhos, paz dentro de mim e no ventre da minha esposa "ou na minha barriga", sem mais demora no poderoso nome de Jesus Cristo!

Todos os meus filhos destinados, onde quer que estejam, saiam e localizem meu ventre, no poderoso nome de Jesus Cristo!

Declaro que todo poder demoníaco que está impedindo meus filhos, ordeno que vocês deixem ir agora e libertem meus filhos, no poderoso nome de Jesus Cristo!

Pai Celestial, em nome de Jesus Cristo, por sua misericórdia, que haja intervenção divina em minha vida pelo comando de Sara "Gênesis 21:1" no poderoso nome de Jesus Cristo!

Sua palavra diz em Jeremias 29:11. "Pois eu conheço os planos que fiz para vocês, diz o Senhor! Projetos de paz e não de infortúnio, para vos dar futuro e esperança. Eu sei que seus pensamentos para mim não são estéreis, Senhor, então abra meu ventre para gerar meus filhos, para que eu possa ser uma mãe feliz, no poderoso nome de Jesus Cristo!

CAPÍTULO 2

ORAÇÕES DA MEIA NOITE
PELO FRUTO DAS ENTRINHAS

A palavra de Deus diz: A noite traz conselho, isto é; que existe uma palavra especial, que se recebe na oração da meia-noite, que é impossível chegar ao seu coração ou aos seus ouvidos durante o dia.

Exceto que é possível que este conselho divino chegue aos nossos corações e ouvidos durante a oração noturna. Por isso é aconselhável rezar à noite para ter uma boa recepção de certas palavras divinamente escondidas.

Isaque implorou ao Senhor por sua mulher, porque ela era estéril, e o Senhor o ouviu: Rebeca, sua mulher, concebeu. As crianças colidiram em seu colo; e ela disse: Se sim, por que estou grávida? Ela foi consultar o Senhor. E o Senhor lhe disse: Duas nações há no teu ventre, e dois povos se separarão do teu ventre; uma dessas pessoas será mais forte que a outra, e a maior estará sujeita à menor. **Gênesis 25:21-23.**

A oração da meia-noite é poderosa, porque é uma das formas mais significativas que Deus usa para responder ao clamor da maioria das mulheres que acreditam em Deus, pelo fruto do ventre. É possível que os casais encontrem problemas, mas também é importante saturar o casamento com orações. O inimigo de todo casamento é o diabo.

Um dos objetivos do diabo é garantir que todo casamento abençoado passe por uma série de ataques, que vão desde infertilidade, abortos espontâneos, dificuldade de procriação, nascimento por operação e muitos outros. O principal desafio para muitas mulheres é o medo de ter filhos na idade da menopausa.

O medo de ter apenas um filho. A Bíblia diz que ele dá bênçãos e não acrescenta tristeza. Uma mulher fecunda é uma mulher abençoada. A oração pode tornar frutífera uma mulher estéril.

Seguindo a explicação da palavra de Deus em Gênesis 1:28, quando ele diz que vocês serão frutíferos e se multiplicarão e encherão a terra. Encontrei na oração a palavra de Deus como solução para acabar com a era de falta de filhos em muitos casamentos.

Além disso, uma das principais razões pelas quais a maioria dos casamentos não consegue se multiplicar e ser frutífero é quando estão sob maldição. As maldições são tão misteriosas quanto parecem!

Por exemplo: Quando um homem está sob uma maldição, por mais que tente no casamento, ele não obterá resultados! Não importa o quanto ele tente, não haverá milagres. Um casamento amaldiçoado gera vergonha e desgraça.

Tome nota disto: sinais de alerta alertam as pessoas quando nossos inimigos estão prestes a combater o casamento. O que os casais fazem, esses sinais determinam o grau de vitória na luta contra o inimigo na guerra espiritual.

A gravidez é um presente incrível de Deus. É uma bênção que apimenta os casamentos. O desejo de toda mulher é conceber e ter filhos. Não é ? Um casamento sem filhos torna-se um grande desafio para a maioria dos casais. É uma época de trilhas e tentações. Pode haver razões pelas quais você não consegue conceber. Pode ser pessoal, demoníaco ou até mesmo um assunto divino.

Embora Deus nunca seja um Deus mau. Em alguns casos, Ele permite que alguns casais passem por provações por enquanto. Por exemplo: Veja o que a Bíblia diz no livro do Salmo 27:14.

Espere no Senhor! Fortaleça-se e que seu coração se estabeleça! Espere no Senhor!

Ó Senhor, dê-me o poder de esperar um pouco mais pelo fruto do meu ventre, no poderoso nome de Jesus Cristo!

Porém, este não é o plano de Deus para a sua vida, desde o início as Suas misericórdias nos deram a garantia da nossa fecundidade conjugal. A palavra de Deus diz: Não deixe a esterilidade ser a sua porção, no poderoso nome de Jesus Cristo!

Enquanto você espera para conceber ou dar à luz seu bebê milagroso, quero que você saiba que o tempo de Deus é o melhor, porque Deus não faz as coisas antes ou depois do tempo, mas ele faz tudo no seu tempo. É por isso que as orações da meia-noite representam uma batalha espiritual constante.

Por exemplo: Quando Deus vê que nossas orações da meia-noite são constantes e fervorosas, ele reservará um tempo para olhar para a justiça das orações "Tiago 5:16". Espiritualmente, sua vida de oração não deve ser fraca quando você ora pelo fruto do ventre ou por um parto seguro.

Tudo o que Deus queria de nós era viver separados do pecado e nos apegarmos à Sua justiça. As orações da meia-noite não são teorias, mas um exercício espiritual concreto. Para escapar do vale da esterilidade, as orações da meia-noite ajudam a trazer a glória de Deus sobre o nosso casamento.

Não importa há quanto tempo você acredita em Deus pelo fruto do ventre. Não importa quem é o responsável ou a pessoa que jurou nunca te ver grávida. A palavra de Deus diz:

Não há encantamento contra Jacó, nem adivinhação contra Israel. **Números 23:23.**

Satanás pode lhe dizer tudo isso para enfraquecer e desencorajar você. Quando você crê, como você conceberá no poderoso nome de Jesus Cristo! Nenhum demônio pode se dar ao luxo de tirar essa convicção da bênção que está acontecendo.

Veja Ana na Bíblia, ela procurava um filho há anos, não tinha, então fez muitas perguntas a Deus, dizendo: Por que eu Senhor Eterno, Deus criador dos céus e da Terra?

E com amargura na alma, ela orou ao Senhor e chorou. Ela fez um voto, dizendo: Senhor dos

Exércitos! Se você se dignar a olhar para a aflição da sua serva, se você se lembrar de mim e não se esquecer da sua serva, e se você der à sua serva um filho varão, eu o dedicarei ao Senhor todos os dias da sua vida, e o navalha não passará por sua cabeça. **1Samuel 1:10-11.**

No mesmo ano Ana concebeu e deu à luz um filho, e chamou-lhe Samuel; porque, disse ela, pedi-lhe ao Senhor. **1Samuel 1:20.**

Deus respondeu às suas orações dando à luz um filho chamado Samuel. Todos se preocupam em realizar a oração da meia-noite, dependendo da sua situação ruim, mas há uma categoria de pessoas que são mais consideradas porque na verdade estão precisando das orações da meia-noite para acionar o fruto do ventre.

Então aqui está a lista de pessoas que precisam da oração da meia-noite, é ela:

Essas mulheres que sofrem de infertilidade de longo prazo.

Aquelas que têm abortos constantes e cesarianas.

Essas mulheres não têm esperança de engravidar.

Esses casais têm problemas de infertilidade. Estas mulheres estão sob séria ameaça de divórcio, separação.

Esses são poderes malignos que permitirão que você se case com um homem ou mulher que seja agente do diabo por meio de feitiço satânico. Existem poderes que gostariam que você se casasse com um homem ou mulher que não seja fértil.

Outros poderes forçarão você a se casar com alguém que tenha uma vida curta. O casamento é um mistério, para passar uma breve alegria conjugal com você, deixando-o posteriormente viúvo ou viúvo. Se você se casar com desejo lascivo ou sem orientação divina, certamente sentirá dor antes de perceber sua má escolha conjugal.

Nenhuma oração contra o inimigo funcionará, especialmente se a pessoa não for aquela designada a você por Deus. Até que você confesse seus pecados a Ele. Você pode continuar a esperar pelo fruto do ventre, no poderoso nome de Jesus Cristo!

Muitos casais são inférteis sem filhos hoje, porque a voz de uma bruxa ou bruxo fala contra a sua fertilidade. Suas barrigas e masculinidades foram declaradas impotentes. Eu conhecia uma história em que havia um bruxo e uma bruxa que confessaram ter comido o útero e o esperma de suas vítimas.

A missão deles era garantir que não vissem mais suas vítimas carregando os bebês. Oro pelo seu caso hoje, esses feiticeiros falharam miseravelmente em sua vida, no poderoso nome de Jesus Cristo! A palavra de Deus de que você é uma semente de Abraão se cumprirá em sua vida, no poderoso nome de Jesus Cristo!

Uma das causas dos casamentos sem filhos é a maldição colocada sobre o homem ou a mulher. Talvez o homem ou a mulher tenha tido um relacionamento em que um deles o traiu. Talvez você tenha engravidado uma mulher e a deixado para se casar com outra mulher.

Talvez, como mulher, você tenha cometido coisas ruins em seu passado que não foram levadas ao conhecimento de seu marido, para receber seu perdão, ou mesmo para confessar diante dos homens a Deus, a fim de receber uma oração de misericórdia.

Assim como o homem, você forçou uma mulher ou menina no passado a fazer um aborto forçado e, após esse ato assassino, você teve problemas para engravidar sua esposa. Às vezes, esse pode ser um dos muitos motivos pelos quais você ainda tem problemas para conceber ou dar à luz um menino ou uma menina.

Portanto, você e seu marido devem se levantar à meia-noite para implorar por misericórdia sobre sua vida, e devem enviar o fogo de Deus para quebrar qualquer maldição ou laço de alma feito com alguém, consciente ou inconscientemente. Nisto você é obrigado a implorar o sangue de Jesus Cristo pelo perdão dos seus pecados.

Conheci um casal estéril há cinco anos de casamento, um dia fui fazer meu retiro de oração de três dias em um quarto da casa deles. Glória a Deus, porque foi no final destes três dias de oração que o Espírito Santo me revelou uma estátua tradicional, que foi colocada na parede da sala como uma simples estátua para embelezar a casa.

Curiosamente movido pelo Espírito Santo, abro a boca para saber como conseguiram essa estátua que está na parede, o homem vai me dizer que é um presente que receberam no dia do casamento, é enquanto vou explicar para eles como através deste dom maligno, eles foram apanhados pela bruxaria para não terem filhos em seu relacionamento.

Foi essa palavra de conhecimento que não hesitaram em retirar a estátua, e destruí-la completamente, glória a Deus, no mês seguinte a mulher estava grávida.

Por exemplo: Quando uma base demoníaca foi construída num casamento através da vida passada de uma pessoa, é provável que a pessoa não desfrute do seu casamento por um longo período de tempo. Muitos casamentos estão em apuros porque não foram capazes de saturar a proteção do seu casamento com orações.

CAPÍTULO 3

QUANDO ORAR
À MEIA NOITE PARA RECLAMAR
OS FRUTOS DAS NOSSAS ENTREGAS?

Os incrédulos perguntam onde está o seu Deus. Quando seu casamento está em jogo, você está preso a doenças e enfermidades. As coisas não estão indo bem em sua vida. Quando as pessoas zombam de você.

Quando as pessoas já concluíram que você terminou. Quando seu inimigo mudou seu nome de alegria para tristeza. Quando você se depara com inimigos prontos para envergonhá-lo. Quando não há esperança de ter filhos.

Quando um médico lhe diz que você não tem útero ou tem mioma... Se algum dos problemas listados acima ocorrer, não há nada que você possa fazer "não um médico local" Do que orar pela intervenção divina de misericórdia e perdão em seu casamento. Se você realmente deseja dar à luz e libertar seus bebês, este é o trabalho espiritual comum que você precisa fazer:

Entregue sua vida a Deus e deixe que Ele esteja no controle de sua vida.

Confesse o seu pecado e peça perdão, comprometa-se a nunca mais voltar a ele.

Você não deve tentar a solução do diabo; se o fizer, a flecha se multiplicará porque somente a luz pode derrotar as trevas.

Uma recomendação divina:

As diferentes fórmulas de orações segundo a recomendação do Espírito Santo continuarão da seguinte forma:

Siga atentamente a prescrição: O jejum é de quatorze dias:

Primeiro, faça apenas dois dias de jejum de frutas. Isso quer dizer que durante dois dias você não sentirá gosto de comida, exceto água e frutas às três da tarde. Então, no resto dos doze dias, será um jejum normal e você poderá quebrar o jejum às seis da tarde com qualquer escolha de alimento. Este programa de oração é para todas as "Annes" que esperam a fertilidade divina na presença de Deus com um servo de Deus.

CAPÍTULO 4

ORAÇÃO DE AÇÃO DE GRAÇAS À MEIA-NOITE PELOS FRUTOS DAS NOSSAS ENTREGAS

Uma oração que quer agradecer a Deus pela fé, pelo que ele fez em nossas vidas. Porque a sua palavra declara isso; tudo o que pedimos em oração, devemos acreditar; nós o recebemos, é então que o veremos cumprido. Já que a fé é uma demonstração daquilo que não se vê! Demonstramos o que não vemos, acreditando que recebemos o que não pedimos em oração.

Louvor e Adoração:

Louvarei ao Senhor por causa da sua justiça; cantarei louvores ao nome do Senhor Altíssimo. **Salmos 7:18.**

Por que louvor e adoração? Porque é uma boa forma de fé, para expressar nossa gratidão diante de Deus, pelos seus benefícios em nossa vida.

Levante-se e esteja pronto esta meia-noite para fazer orações de agradecimento pelos frutos do seu ventre. Primeiro comece a agradecer a Deus pelo milagre do parto.

Leia os seguintes versículos da Bíblia:

Ele nos gerou segundo a sua vontade, pela palavra da verdade, para que fôssemos, por assim dizer, as primícias das suas criaturas. **Tiago 1:17.**

Deus nos gerou segundo a sua vontade, pela palavra da verdade. A palavra de Deus nos moldou de acordo com a sua vontade. Pois é a palavra que nos ouve segundo a vontade divina, porque Deus não ouve a nossa linguagem humana, mas Deus ouve a sua vontade que define a sua palavra. Porque fora de Sua palavra, não há Sua vontade ou resposta às nossas orações.

Ele é a imagem do Deus invisível, o primogênito de toda a criação. **Colossenses 3:15.**

Nascemos em Jesus Cristo, segundo a vontade divina, que expressa a nossa vida de oração em Deus. Quem não nasceu em Jesus Cristo não ora e Deus o ouve como ouve o choro dos seus filhos.

Graças a Deus, que sempre nos faz triunfar em Cristo e que espalha através de nós o odor do seu conhecimento por toda parte! **2 Coríntios 2:14.**

Tendo nascido segundo a vontade divina, cabe a nós triunfar em Cristo, pelo odor do seu conhecimento que se derrama dentro de nós. O cheiro do seu conhecimento é a porção divina que está em nós.

Aqui estão: As orações que acompanham os versículos bíblicos acima:

Meu Pai, eu te agradeço porque a tua misericórdia dura para sempre.

Senhor Jesus, obrigado por ser altamente exaltado em meu casamento.

Ó Deus, eu te louvo em nome de Jesus Cristo, por ocupar o seu lugar de direito no meu lugar.

Meu Pai Altíssimo, a Jesus Cristo, agradeço por me conectar ao meu destino marido.

Pai Celestial, em nome de Jesus Cristo, eu te louvo por sua bondade e misericórdia que me sustenta durante minhas dificuldades conjugais.

Senhor Jesus Cristo, agradeço-te pelo perdão dos nossos pecados e por tudo o que fizeste por nós e ainda fazes.

Meu Pai Altíssimo, em nome de Jesus Cristo, eu te louvo pelos planos e propósito de meu casamento ser abençoado com filhos.

Senhor Jesus Cristo, eu te louvo por abrir meu ventre para os bebês e meu casamento para a alegria eterna.

Meu Pai Altíssimo, eu te louvo por me permitir reconhecer suas maravilhas em minha vida.

Agradeço-te, Senhor Jesus Cristo, meu Deus, de todo o coração, e glorificarei o teu nome para sempre.

Pai Celestial, em nome de Jesus Cristo, eu te louvo por estar sempre conosco: Senhor, que sua presença nunca nos deixe.

Pai Celestial, no poderoso nome de Jesus Cristo, cantarei seus louvores em voz alta diante dos incrédulos e não terei vergonha.

Eu te louvo em nome de Jesus Cristo, porque não há nada muito difícil de fazer em nossas vidas.

Pai Celestial, em nome de Jesus Cristo, receba todos os louvores e ações de graças por nossa fertilidade conjugal.

Senhor Jesus Cristo, obrigado pelo seu grande movimento ao me abençoar com o fruto do ventre.

Senhor Jesus Cristo, eu te louvo por não permitir que minha confiança em você seja em vão.

Senhor, você é meu Deus; Eu te exaltarei e louvarei o teu nome de eternidade em eternidade.

Pai Celestial, eu te louvo porque só você pode fazer o que nenhum homem pode fazer no poderoso nome de Jesus Cristo.

Senhor Deus, eu te louvarei por responder às minhas orações com o fruto do ventre, mesmo que eu não o veja.

Não importa os planos dos ímpios, ó Deus, agradecerei continuamente porque o diabo perdeu a batalha desta vez, no poderoso nome de Jesus Cristo!

Comece a elogiá-lo e a agradecê-lo de qualquer maneira em outra dimensão.

CAPÍTULO 5

ORAÇÃO DE MISERICÓRDIA DA MEIA-NOITE, PARA ABENÇOAR OS FRUTOS DOS FRASCOS

A misericórdia é uma capacidade divina, para que Deus nos aceite, nos conceda a sua compaixão e nos perdoe, para abençoar os frutos do nosso ventre.

Louvor e Adoração:

Levante-se esta meia-noite e faça estas orações.

Comece agradecendo a Deus pelo milagre do parto.

Ore agressivamente durante esse período.

Pegue qualquer uma de suas frutas favoritas e ore por elas, confessando esta frase da palavra de Deus:

E você, seja fecundo e multiplique-se, espalhe-se na terra e multiplique-se nela. **Gênesis 9:7.**

Assim: frutifico, multiplico, encho de terra e multiplico, no poderoso nome de Jesus Cristo! Adicionando o seguinte:

Senhor Jesus Cristo, mostre-me a sua misericórdia e reviva meu ventre pelo poder do seu perdão, no poderoso nome de Jesus Cristo! **Salmo 86:5.**

Na sua misericórdia, Senhor, não me rejeite, no poderoso nome de Jesus Cristo!

Meu Deus, ouça meu grito de transformação, cubra-me com sua misericórdia, no poderoso nome de Jesus Cristo!

Pai Celestial, mostre-me Tua misericórdia pelo meu casamento esta noite, no poderoso nome de Jesus Cristo!

Misericórdia de Deus, apague todas as palavras negativas que afetam minha vida, no poderoso nome de Jesus Cristo! Seja guiado pelo Espírito Santo e ore em línguas conforme o Espírito Santo o guiar.

Misericórdia de Deus; Restaure todas as minhas bênçãos perdidas em meu casamento, no poderoso nome de Jesus Cristo!

Senhor Jesus Cristo, reestruture minha vida e deixe sua misericórdia descer sobre mim, no poderoso nome de Jesus Cristo!

O pecado dos meus pais na minha cabeça, a misericórdia de Deus os leve embora, no poderoso nome de Jesus Cristo!

Pai Celestial, em nome de Jesus Cristo, peço-lhe em relação à minha situação atual, ó Senhor, levante-se por Tua misericórdia e silencie meus problemas, no poderoso nome de Jesus Cristo!

Ó céu, ajude-me e perdoe todos os meus pecados passados que afetaram a semente da grandeza, no poderoso nome de Jesus Cristo!

Senhor Eterno, preciso urgentemente da sua misericórdia, perdoe-me e lave meus pecados, em nome de Jesus Cristo!

Pai Celestial, minha idade está passando rapidamente, levante-se, Senhor, e cubra minha vergonha e desgraça conjugal, no poderoso nome de Jesus Cristo!

Senhor Jesus Cristo, sua misericórdia me salve da maldição da infertilidade, do aborto espontâneo, no poderoso nome de Jesus Cristo!

Mas Deus, que é rico em misericórdia, pelo grande amor com que nos amou, os que estávamos mortos em ofensas, nos vivificou com Cristo; pela graça sois salvos. **Efésios 2:4-5.**

Ó misericórdia de Deus, reverta as consequências e o efeito negativo deste pecado mencionado em meu casamento, no poderoso nome de Jesus Cristo!

Pai Celestial, dê-me a graça de confessar todos os meus pecados conhecidos ao meu marido, no poderoso nome de Jesus Cristo!

Senhor Jesus Cristo, por favor, remova todo fardo satânico que traz frustração ao meu casamento, no poderoso nome de Jesus Cristo!

Pela grande misericórdia de Deus, desça com suas virtudes e resolva meu caso hoje, em nome de Jesus Cristo!

Tudo o que ainda está atrasando minha concepção até agora, Pai, que sua misericórdia os tire de mim, no poderoso nome de Jesus Cristo!

Clame a Deus agora mesmo como Ana e derrame emocionalmente seu espírito sobre Ele, no poderoso nome de Jesus Cristo!

Obrigado, Rei dos reis, por responder à minha oração por misericórdia e perdão, no poderoso nome de Jesus Cristo!

A oração da meia-noite pela nossa fertilidade conjugal:

Comece com uma atmosfera de louvor e adoração.

Levante-se esta meia-noite e faça estas orações.

Comece agradecendo a Deus pelo milagre do parto.

Ore agressivamente durante esse período. Pegue uma garrafa de água limpa e ore sobre ela usando o Salmo 35.

Pai Celestial, remova nossos nomes do livro da esterilidade, tristeza e choro, no poderoso nome de Jesus Cristo!

Senhor Jesus Cristo, que o trabalho em nosso casamento traga fecundidade, multiplicação e felicidade em todos os sentidos, no poderoso nome de Jesus Cristo!

Todas as batalhas que surgiram em meu casamento por meio do casamento tradicional ou de presentes serão expurgadas pelo fogo, no poderoso nome de Jesus Cristo!

Deus dos milagres, manifeste hoje o seu milagre em nosso casamento, no poderoso nome de Jesus Cristo!

Senhor Jesus Cristo, derrubo meu ego e orgulho diante de meu marido, encho-o, agora de humildade, no poderoso nome de Jesus Cristo!

Senhor Jesus Cristo, ajude-nos em nossa busca pelo fruto do ventre e dos bebês, no poderoso nome de Jesus Cristo!

Pai Celestial, que o futuro do meu casamento seja melhor e mais glorioso do que o meu passado e presente, no poderoso nome de Jesus Cristo!

Pai Celestial, preciso do fruto do ventre e dos bebês este ano, para glória do seu nome e vergonha do diabo, no poderoso nome de Jesus Cristo!

Fogo de Deus, destrua a gravidez ruim contra minha fertilidade e concepção, no poderoso nome de Jesus Cristo!

Senhor Eterno, deixe o inimigo do meu casamento ser exposto e envergonhado pelo seu julgamento, no poderoso nome de Jesus Cristo!

O sangue de Jesus Cristo, remova toda poluição e contaminação do meu casamento, no poderoso nome de Jesus Cristo!

Senhor Jesus Cristo, caminhe pelo meu casamento e liberte-nos, da alegria divina, em nome de Jesus Cristo!

Pai Celestial, de alguma forma fiquei aquém da sua glória, tenha misericórdia e me perdoe, no poderoso nome de Jesus Cristo!

Pelo seu poder, ó Senhor Jesus Cristo, recebo poder para conceber e dar frutos em meu casamento, no poderoso nome de Jesus Cristo!

Como meu Pai celestial é um Deus frutífero, proclamo a fecundidade em meu corpo, no poderoso nome de Jesus Cristo!

Pai Celestial, Deus da minha vida, dê-me a Sua palavra específica à qual me apegar à minha situação, no poderoso nome de Jesus Cristo!

Eu chamo meu ventre, bebês do reino espiritual para o reino físico, no poderoso nome de Jesus Cristo!

Pai Celestial, peço ajuda a você, transforme nossos relatórios médicos em testemunho, no poderoso nome de Jesus Cristo!

Senhor Jesus Cristo, esperamos ter um menino em nossa próxima gravidez, conceda o desejo do nosso coração, no poderoso nome de Jesus Cristo!

Tu, palavra de Deus, entra em meu casamento e deposita fertilidade total, no poderoso nome de Jesus Cristo!

Pontos de oração pelo fruto do ventre com versículos bíblicos:

Sempre em clima de louvor e adoração a Jesus Cristo.

Levante-se à meia-noite e celebre essas orações.

Comece agradecendo a Deus pelo milagre do parto.

Ore agressivamente durante esse período.

Saia e dê qualquer tipo de presente caro a uma criança ou crianças no final da oração de maneira dirigida pelo Espírito Santo.

Jesus olhou para eles e disse-lhes: Para os homens isso é impossível, mas para Deus todas as coisas são possíveis. **Mateus 19:26.**

Acredite que o seu caso não é impossível, que todo caso impossível no seu casamento é possível, no poderoso nome de Jesus Cristo!

Não se alegre comigo, meu inimigo! Pois se eu cair, levantarei novamente; Se eu ficar sentado nas trevas, o Senhor será minha luz. **Miquéias 7:8.**

Deixe que todo plano demoníaco em sua vida, para atrasar o fruto do seu ventre, seja destruído, no poderoso nome de Jesus Cristo! Comemore sua luz e orações respondidas.

Isaque implorou ao Senhor por sua mulher, porque ela era estéril, e o Senhor o ouviu: Rebeca, sua mulher, concebeu. **Gênesis 25:21.**

É hoje que você entrou na estação da sua gravidez, gostem seus inimigos ou não, no poderoso nome de Jesus Cristo!

Ela gritou em alta voz: Bendita és tu entre as mulheres, e bendito é o fruto do teu ventre. **Lucas 1:42.**

Declaro em sua vida, se o inimigo amaldiçoou seu corpo, hoje ele receberá um avanço sobrenatural, no poderoso nome de Jesus Cristo!

Foi por esta criança que orei, e o Senhor ouviu minha oração. **1 Samuel 1:27.**

No poderoso nome de Jesus Cristo, que a palavra de Deus se cumpra em sua vida a respeito do seu caso, no poderoso nome de Jesus Cristo!

Pela fé, agradeça-lhe pelas orações respondidas:

Não haverá mulheres abortivas nem estéreis no seu país. Eu preencherei o número dos seus dias. **Êxodo 23:26.**

Declaro sobre a sua vida: Todo poder que atua na sua vida contrariamente à promessa de Deus, no seu casamento, comerá do fruto da tristeza, no poderoso nome de Jesus Cristo!

No entanto, ela será salva tornando-se mãe, se perseverar com modéstia na fé, na caridade e na santidade. **1 Timóteo 2:15.**

Declaro sobre sua vida, esteja protegida nos processos de gravidez e parto, que nenhum mal será registrado contra você, no poderoso nome de Jesus Cristo!

Deus lembrou-se de Raquel, ouviu-a e tornou-a fecunda. **Gênesis 30:22.**

Declaro sobre sua vida hoje, que o Senhor se lembre de você abrindo seu ventre pelo poder de Sua misericórdia, no poderoso nome de Jesus Cristo!

Eis que também Isabel, tua parenta, concebeu um filho na sua velhice, e aquela que era chamada estéril já está no sexto mês. Porque nada é impossível para Deus. **Lucas 1:36-37.**

Quando Deus estiver com você, tenha certeza de que você certamente conceberá e terá filhos. Seja firme e fiel na expectativa deste testemunho, no poderoso nome de Jesus Cristo!

Ó Senhor, dá-me o poder de esperar um pouco mais pelo fruto do meu ventre, em nome de Jesus Cristo! **Salmo 27:14.**

O Senhor lembrou-se do que tinha falado a Sara, e o Senhor cumpriu para Sara o que havia prometido. **Gênesis 21:1.**

Pai, que haja intervenção divina em minha vida, por sua misericórdia, lembre-se de mim esta noite, no poderoso nome de Jesus Cristo!

Por isso eu lhe digo: tudo o que você pedir em oração, acredite que você recebeu e verá que será realizado. **Marcos 11:24.**

Declaro no poderoso nome de Jesus Cristo, que tudo o que você pediu usando esses versículos bíblicos, pode ser realizado em sua vida, no poderoso nome de Jesus Cristo!

Você será mais abençoado do que todas as pessoas; não haverá entre vós homem nem mulher estéril, nem animais estéreis entre os vossos rebanhos. **Deuteronômio 7:14.**

Eu declaro que todos os veredictos de bruxaria que levam você a uma vida estéril sejam destruídos no poderoso nome de Jesus Cristo!

Deus os abençoou, e Deus lhes disse: Frutificai, e multiplicai-vos, e enchei a terra, e sujeitai-a; e tenha domínio sobre os peixes do mar, e sobre as aves do céu, e sobre todo ser vivente que se move sobre a terra. **Gênesis 1:28.**

Senhor, recebo as virtudes do fruto do ventre, chega de tristezas e lágrimas em meu casamento, no poderoso nome de Jesus Cristo!

Havia um homem de Zorá, da família dos danitas, cujo nome era Manoá. Sua esposa era estéril e não tinha filhos. Um anjo do Senhor apareceu à mulher e disse-lhe: Eis que és estéril e não tens filhos; você conceberá e dará à luz um filho. Agora tome cuidado, não beba vinho ou bebidas fortes e não coma nada impuro. **Juízes 13:2-3.**

Declaro e anuncio como o anjo fez com a esposa de Manoá: você conceberá um filho novamente para a glória do Deus Todo-Poderoso, no poderoso nome de Jesus Cristo!

Alegre-se na esperança. Seja paciente na aflição. Persevere em oração. **Romanos 12:12.**

Que o Senhor responda às suas orações em tempos de espera, tribulação, provações e tentações, no poderoso nome de Jesus Cristo!

Humilhai-vos, portanto, sob a poderosa mão de Deus, para que ele possa exaltá-los no devido tempo; e lance sobre ele todas as suas preocupações, porque ele mesmo cuida de você. **1 Pedro 5:6-7.**

Senhor Jesus, ensine-me a ser humilde com meu marido, no poderoso nome de Jesus Cristo!

Abriria o ventre materno, Para evitar o parto? diz o Senhor; Eu, que dou à luz, me impediria de dar à luz? diz o seu Deus. **Isaías 66:9.**

Senhor, seus planos para mim são ter filhos, por favor, abra meu ventre para a fecundidade divina, no poderoso nome de Jesus Cristo!

Como está escrito: Eu te fiz pai de muitas nações. Ele é nosso pai diante daquele em quem acreditou, sim, Deus, que dá vida aos mortos e que chama as coisas que não são como se fossem. Esperando contra a esperança, ele acreditou, de modo que se tornou pai de muitas nações, conforme o que lhe foi dito: Esta será a tua descendência. **Romanos 4:17-18.**

Declaro sobre sua vida, tudo que atrapalha sua gravidez agora abre caminho para a palavra de Deus em sua vida, no poderoso nome de Jesus Cristo!

Quem dirá que algo acontece, sem que o Senhor o tenha ordenado? **Lamentações 3:37.**

Declaro e condeno com repreensão toda palavra maligna proferida contra meu casamento, que nunca prosperará em minha vida, no poderoso nome de Jesus Cristo!

Vinte orações calorosas e poderosas pelos frutos do ventre:

Comece em uma atmosfera de louvor e adoração.

Levante-se à meia-noite e faça estas orações.

Comece agradecendo a Deus pelo milagre do seu próximo nascimento.

Ore agressivamente durante esse período.

Ao final desta oração, encontre um local de sua preferência para semear uma oferta de ação de graças, intitulada:

As sementes da fertilidade e dos bebês:

Obrigado Jesus Cristo pelo testemunho da minha gravidez e parto, no poderoso nome de Jesus Cristo!

Confesso todos os meus pecados a Deus, busco a misericórdia e o perdão divino, no poderoso nome de Jesus Cristo!

Cancelo os pronunciamentos de feiticeiros ou falsos profetas contra a minha capacidade de conceber novamente, em nome de Jesus Cristo!

Cada pássaro morto em minha barriga, saia pelo fogo do Espírito Santo, no poderoso nome de Jesus Cristo!

Flechas de fracasso na gravidez disparadas em meu ventre, o tiro saiu pela culatra nos remetentes, no poderoso nome de Jesus Cristo!

Todo feitiço de aborto e aborto espontâneo será nulo e sem efeito, no poderoso nome de Jesus Cristo!

Voz do céu, fale agora, fale agora, fale agora sobre a minha situação, no poderoso nome de Jesus Cristo!

Cancelo da minha vida o sonho de amamentar crianças noturnas, no poderoso nome de Jesus Cristo!

Eu leio e paraliso todo homem mau que cuida da minha barriga no poderoso nome de Jesus Cristo!

Todo poder que prende a mim e ao meu bebê ainda não nascido em cativeiro, liberta-nos pelo fogo, no poderoso nome de Jesus Cristo!

Toda semente maligna semeada em minha vida enquanto eu dormia, seja removida pelo fogo do Espírito Santo, no poderoso nome de Jesus Cristo!

Qualquer ataque ao meu órgão reprodutivo e ao do meu marido será nulo e sem efeito agora, no poderoso nome de Jesus Cristo!

A vassoura maligna que o inimigo está usando para destruir minha esperança de ter filhos, seja queimada pelo fogo do Espírito Santo, no poderoso nome de Jesus Cristo!

Os poderes malignos que querem que eu morra no parto, vocês são mentirosos, espalhados pelo fogo, no poderoso nome de Jesus Cristo!

Que o vento do Espírito Santo, cada brisa perigosa que sopra em minha vida, seja abraçado pelo fogo do Espírito Santo, no poderoso nome de Jesus Cristo!

Onde quer que meus pais fossem antes de me terem; O sangue de Jesus Cristo, desinfeta o efeito em minha vida, no poderoso nome de Jesus Cristo!

Todo altar satânico construído para reivindicar minha gravidez seja destruído pelo poderoso nome de Jesus Cristo!

Qualquer ídolo ou santuário ao qual fui dedicado quando era bebê; Liberte-me pelo fogo do Espírito Santo, no poderoso nome de Jesus Cristo!

Se minha mãe ou tia foram responsáveis pela minha falta de filhos, o trovão de Deus os expõe, no poderoso nome de Jesus Cristo!

Cada amuleto fetichista que pisei e que está causando o aborto da minha gravidez, seja interrompido pelo fogo do Espírito Santo, no poderoso nome de Jesus Cristo!

Cante a canção: O Sangue de Jesus. O sangue de Jesus nos libertou do pecado e da tristeza. O sangue de Jesus nos libertou.

O rio onde colocaram minha placenta para má dedicação, seja recuperado pelo fogo do Espírito Santo, no poderoso nome de Jesus Cristo!

Oração da meia-noite pelos frutos da fertilidade:

Comece com uma atmosfera de louvor e adoração.

Levante-se à meia-noite para praticar essas orações no poderoso nome de Jesus Cristo!

Comece agradecendo a Deus pelo milagre do parto, no poderoso nome de Jesus Cristo!

Ore agressivamente durante esse período.

Somente se você for liderado, patrocine uma criança na escola ao longo dos anos. "Você acabou de dizer hmm?" ".

Todo sonho que me representa como uma mulher amaldiçoada, seja cancelado pelo sangue de Jesus Cristo, e isso no precioso nome de Jesus Cristo!

Todo sonho que me designa como mulher inútil, na casa do meu marido, seja destruído, pelo precioso sangue de Jesus Cristo!

Os poderes que invocam as virtudes de suas vítimas no sonho não prosperarão em minha vida, no poderoso nome de Jesus Cristo!

Quem usar a imagem do meu marido para me poluir e me contaminar em meus sonhos, seja queimado pelo fogo do Espírito Santo, no poderoso nome de Jesus Cristo!

Toda árvore inútil que cresce em minha vida seja arrancada pelo fogo do Espírito Santo, no poderoso nome de Jesus Cristo!

Senhor, unja meu ventre para conceber de acordo com o comando de Ana, Rebeca e Sara, esposa de Abraão, no poderoso nome de Jesus Cristo!

Todo ímpio que enterrou um animal para mudar a minha glória, que ele se enterre com sua oferta de animal, no poderoso nome de Jesus Cristo!

Tudo o que me foi dado quando bebê, e hoje afeta meu destino, que seja neutralizado, pelo precioso Sangue de Jesus Cristo, no poderoso nome de Jesus Cristo!

Toda voz maligna me dizendo para deixar meu marido devido a problemas de infertilidade, seu engano acabou, morra, no poderoso nome de Jesus Cristo!

Minha glória enterrada pelos poderes malignos da casa de meu pai; ganhe vida pelo fogo do Espírito Santo, no poderoso nome de Jesus Cristo!

Declare isto: Não importa quanto tempo demore, não desistiremos, no poderoso nome de Jesus Cristo!

Misericórdia de Deus, perdoe-nos e lembre-se de nós este mês, no poderoso nome de Jesus Cristo!

Pai, quero ser uma mãe feliz, abençoe-me com um filho lindo este ano, no poderoso nome de Jesus Cristo!

Senhor, se a raiz da minha falta de filhos é resultado dos poderes malignos ancestrais da casa de meu marido, que eles sejam totalmente destruídos, no poderoso nome de Jesus Cristo!

Ó misericórdia de Deus, até quando responderás ao nosso pedido do fruto do ventre? Aguarde a resposta divina.

Pai Celestial, em nome de Jesus Cristo, nosso casamento acontecerá no próximo ano, em dois anos, em um ano, etc. e ainda temos que conceber ou ter filhos, por favor nos ajude. Ó Senhor, no poderoso nome de Jesus Cristo!

Cobra e escorpião na água engolindo e mordendo meu casamento; Vomite e pegue fogo, no poderoso nome de Jesus Cristo!

Miomas e flechas de disfunção de virilidade retiradas das águas; Flashback, no poderoso nome de Jesus Cristo!

Marido e mulher noturnos, libertem-me pelo fogo do Espírito Santo, no poderoso nome de Jesus Cristo!

Senhor, selo a oração do evangelista Josué sobre nossas vidas no poderoso nome de Jesus Cristo!

Oração da meia-noite pelos frutos do ventre:

Sempre comece a oração, em clima de louvor e adoração.

Levante-se esta meia-noite e faça estas orações.

Comece agradecendo a Deus pelo milagre do parto.

Ore agressivamente durante esse período.

Coloque as mãos no umbigo e comece a orar. Será mais eficaz se o seu marido se juntar a você neste tipo de oração.

Senhor, agradeço sua ajuda em minha vida e por me permitir estar vivo, até hoje, no poderoso nome de Jesus Cristo!

Deus, agradeço porque não há mais lágrimas em minha vida, mas sim alegria, no poderoso nome de Jesus Cristo!

Deus, obrigado por ter arrancado a raiz de lágrimas e tristezas de longa data em minha vida, no poderoso nome de Jesus Cristo!

Senhor, perdoe-me todos os meus pecados e lave-me no sangue de Jesus, em nome de Jesus Cristo!

Deus, tenha misericórdia de mim e por sua misericórdia me dê risadas sem fim, no poderoso nome de Jesus Cristo!

Oh meu Deus, levante-se em seu poder e ponha um fim eterno à minha tristeza de longa data, no poderoso nome de Jesus Cristo!

Todo poder que usa a tristeza como um presente para mim todos os anos, seu fim chegou, morra pelo fogo do Espírito Santo, no poderoso nome de Jesus Cristo!

Todo poder me persegue com um problema sazonal que tira o riso da minha vida, morra pelo fogo do Espírito Santo, no poderoso nome de Jesus Cristo!

Os germes malignos programados em meu corpo pelos poderes da bruxaria morrem, no poderoso nome de Jesus Cristo!

As marcas malignas colocadas em meu corpo pelo leitor estrela da família, que impedem meu fruto desde o ventre, sejam apagadas pelo sangue de Jesus Cristo, no poderoso nome de Jesus Cristo!

Todo homem forte que diz que a maternidade não é minha porção, exceto choro e tristeza, morra, no poderoso nome de Jesus Cristo!

Deixe que os encantos dos ímpios designados contra minha capacidade de conceber peguem fogo, no poderoso nome de Jesus Cristo!

Problema de infertilidade que fez as pessoas me ligarem; uma bruxa, seja calcinada pelo fogo do Espírito Santo, no poderoso nome de Jesus Cristo!

Problema de falta de filhos que faz com que os membros da família me evitem, sejam arrancados até as raízes, no poderoso nome de Jesus Cristo!

Problema de falta de filhos que faz as pessoas pensarem que fiz coisas ruins em minha vida, morra, no poderoso nome de Jesus Cristo!

Eu ordeno o jugo da infertilidade que me faz sentir inferior ou incompleto entre meus amigos, morra a partir de suas raízes, no poderoso nome de Jesus Cristo!

Seu antigo problema de falta de filhos que me faz sentir como uma criatura incompleta de Deus, morra, em nome de Jesus Cristo!

Todo monstro que corta a árvore da minha fecundidade no espírito, ó espada de Deus, corta-a em pedaços, no poderoso nome de Jesus Cristo!

Senhor, trave minhas batalhas para que eu recupere meu ventre de qualquer recanto de feitiçaria, no poderoso nome de Jesus Cristo!

Deus, levante-se e use seu poder para me separar da esterilidade, no poderoso nome de Jesus Cristo!

Pelo dedo de Deus e pela Sua autoridade, perco o fio maligno, usado pelas bruxas para costurar meu ventre, impedindo assim a concepção, em nome de Jesus Cristo!

Oração da meia-noite pela guerra agressiva contra os frutos da morte:

Comece sua sessão de oração em uma atmosfera de louvor e adoração.

Levante-se esta meia-noite e faça estas orações.

Comece agradecendo a Deus pelo milagre do parto.

Ore agressivamente durante esse período.

Reúna-se com qualquer criança, de cinco a doze anos, para orar por sua barriga. Senhor Jesus Cristo, que minha gravidez atrapalhe todos os

planos dos meus inimigos, no poderoso nome de
Jesus Cristo!

Meu Pai celestial, meu Pai celestial, venho diante
de você hoje, para receber todas as minhas
bênçãos neste casamento, no poderoso nome de
Jesus Cristo!

Senhor Jesus Cristo, faça-me frutificar e libere a
multiplicação em minha vida e em meu
casamento, no poderoso nome de Jesus Cristo!

Pai Celestial, em nome de Jesus Cristo, eu destruo
todo cordão de infertilidade e aborto espontâneo
ligado ao meu casamento e família, no poderoso
nome de Jesus Cristo!

Toda mão ancestral que impede o nascimento dos
meus filhos, eu destruo pelo fogo do Espírito
Santo, no poderoso nome de Jesus Cristo!

Cada projeção demoníaca em meu ventre
causando infertilidade e miomas (opcional), eu
arranco e destruo você, no poderoso nome de
Jesus Cristo!

Toda maldade doméstica que se recusa a liberar
minha fertilidade, eu quebro você, no poderoso
nome de Jesus Cristo!

Que todas as alianças de esterilidade operantes em meu casamento, vindas de minha família ou da família de meu cônjuge, sejam anuladas, no poderoso nome de Jesus Cristo!

Todos os principados, as autoridades, os príncipes do momento, os espíritos malignos no lugar celestial, que concordaram que eu nunca deveria engravidar, nem deveria dar à luz filhos durante a minha vida; Eu ordeno que o fogo do Espírito Santo destrua todos vocês, no poderoso nome de Jesus Cristo!

Está escrito "pelas pisaduras de Jesus Cristo fui sarado" 2 Pedro 2:24. Recebo total cura e restauração do meu corpo e sistema reprodutivo, no poderoso nome de Jesus Cristo!

Pelo poder da palavra de Deus, que qualquer resultado médico ou relatório que indique minha incapacidade de dar à luz seja revertido, no poderoso nome de Jesus Cristo!

Como as escrituras não podem ser violadas, não posso ficar sem filhos ou estéril em nenhuma área da minha vida, no poderoso nome de Jesus Cristo!

Como muitos inimigos que se beneficiam da minha dor e agonia por não ter filhos, morra uma morte desnecessária, no poderoso nome de Jesus Cristo!

Aqueles que usam sonhos de bruxaria para impedir minha capacidade de ter filhos, estejam perdidos para sempre, no poderoso nome de Jesus Cristo!

Todo alimento tóxico que comi, que é a causa dos danos em minha barriga, seja neutralizado pelo fogo do Espírito Santo, no poderoso nome de Jesus Cristo!

Cada lagartixa de parede encarregada de me monitorar toda vez que faço sexo com meu marido, morra pelo fogo do Espírito Santo, no poderoso nome de Jesus Cristo!

Deus de Elias, use o fogo do seu Espírito Santo para consumir a garrafa maligna que armazena o esperma do meu marido, no poderoso nome de Jesus Cristo!

Eu removo todas as causas de infertilidade do meu corpo, no poderoso nome de Jesus Cristo!

Deus, use o seu poder para tirar doenças do meu corpo que os médicos não podem ver e curar, no poderoso nome de Jesus Cristo!

Os poderes que amam ver minhas dores, minhas lágrimas, minha ansiedade no espelho espiritual em relação ao meu problema de concepção, caem e morrem, no poderoso nome de Jesus Cristo!

Que todos os cinegrafistas malvados, que controlam meu período de gravidez, sejam queimados pelo fogo do Espírito Santo, no poderoso nome de Jesus Cristo!

A oração da meia-noite pela libertação para conceber um bebê, menino, menina ou gêmeos:

Sempre em clima de louvor e adoração.

Levante-se à meia-noite e pratique essas orações.

Comece agradecendo a Deus pelo milagre do parto.

Ore agressivamente durante esse período.

Recomendação: Escreva os nomes dos bebês que sairão do seu ventre, meninos, meninas ou gêmeos, e use-os frequentemente em oração. Dê um salto de fé, indo ao mercado e comprando um tecido para o feto como um desafio, além de usar o tecido como ponto de contato.

Que a semente do menino localize meu ventre esta noite, ó Pai Celestial, no poderoso nome de Jesus Cristo!

Senhor Jesus Cristo, deixe a semente da menina localizar meu ventre, no poderoso nome de Jesus Cristo!

Meu Pai, você disse que duas nações estão em meu ventre, reivindico o cumprimento desta profecia para meus próximos gêmeos, no poderoso nome de Jesus Cristo!

Que a unção e a graça para carregar meu bebê que desejo entrem em meu ventre, no poderoso nome de Jesus Cristo!

Toda tentativa do inimigo de mudar o sexo do meu bebê contra a minha vontade, dispersa pelo fogo do Espírito Santo, no poderoso nome de Jesus Cristo!

Cada voz estranha falando de confusão no destino do meu bebê, retorne aos remetentes, no poderoso nome de Jesus Cristo!

Qualquer tentativa do inimigo de me fazer dar à luz um bebê doente (tolo), espalhado pelo fogo, em nome de Jesus Cristo!

Todo poder que viu a glória do meu bebê ainda não nascido e repreende seu destino, seja queimado pelo fogo do Espírito Santo, no poderoso nome de Jesus Cristo!

Todo espírito contrário que trabalha contra o destino do meu menino, menina, seja destruído pelo fogo do Espírito Santo, no poderoso nome de Jesus Cristo!

Pai Celestial, em nome de Jesus Cristo, apego-me à sua palavra que diz: Darei à luz um menino, uma menina e também gêmeos saltitantes, no poderoso nome de Jesus Cristo!

Durante o período de gravidez, meu bebê ainda não nascido não morrerá em meu ventre, no poderoso nome de Jesus Cristo!

"Chame o nome do feto, menino, menina ou gêmeos, repita isso vinte e uma vezes." Telefono para você esta noite. Eu sou sua mãe, localize-me pelo fogo do Espírito Santo, no poderoso nome de Jesus Cristo!

Nenhum poder impedirá o destino do nascimento dos meus filhos, no poderoso nome de Jesus Cristo!

Senhor Senhor, lembre-se do meu desejo de ter um menino, uma menina ou gêmeos saltitantes, que isso aconteça, no poderoso nome de Jesus Cristo!

Senhor Eterno, use meu parto para estragar as obras do inimigo contra meu menino, menina ou gêmeos, no poderoso nome de Jesus Cristo!

A partir de hoje a tristeza e o revés não reinarão mais no destino do meu bebê, no poderoso nome de Jesus Cristo!

Recuso-me a dar à luz uma menina feia, no poderoso nome de Jesus Cristo!

Trago o sangue de Jesus Cristo, contra a base legal do inimigo contra o meu casamento, no poderoso nome de Jesus Cristo!

Quer o diabo goste ou não, eu conceberei e terei filhos, no poderoso nome de Jesus Cristo!

De agora em diante, que nenhum inimigo me perturbe, porque carrego em meu corpo a marca do sangue do Cordeiro de Deus, no poderoso nome de Jesus Cristo!

Parabéns!!! Agora sou mãe, no poderoso nome de Jesus Cristo!

As orações da meia-noite contra o medo do aborto espontâneo e da infertilidade continuam:

Louvor e adoração.

Levante-se esta meia-noite e faça estas orações. Comece agradecendo a Deus pelo milagre do parto.

Ore agressivamente durante esse período. Peça ao Espírito Santo que se lembre de você e escreva seus nomes no livro das mulheres férteis.

Ó Senhor Eterno, faça um arranjo divino para minha restauração total, no poderoso nome de Jesus Cristo!

Cada semente maligna plantada em meu ventre para impedir minha gravidez, saia com todas as suas raízes, no poderoso nome de Jesus Cristo!

Todo poder de bruxaria encarregado do sêmen aquoso, deixe ir, no poderoso nome de Jesus Cristo!

Todo desejo maligno dos poderes malignos da casa de meu pai, contra a minha procriação, seja revogado pelo sangue de Jesus Cristo!

Todo objeto demoníaco, movendo-se através do meu sistema reprodutivo, saia agora, no poderoso nome de Jesus Cristo!

Senhor Jesus Cristo, corrija todos os distúrbios em meu ovário, trompas de falópio, útero, órgão sobrenaturalmente, no poderoso nome de Jesus Cristo!

Que Deus ative meu útero, meus hormônios e o esperma do meu marido para a concepção, no poderoso nome de Jesus Cristo!

Que o fogo do Espírito Santo e o trovão de Deus; destrua todo cadeado demoníaco usado pelo inimigo para trancar minha barriga, no poderoso nome de Jesus Cristo!

Qualquer maldição de esterilidade em minha vida devido a abortos anteriores seja cancelada pelo sangue de Jesus Cristo!

Que a misericórdia de Deus remova o castigo divino infligido ao meu casamento como resultado do meu pecado, no poderoso nome de Jesus Cristo!

Que todos os parasitas espirituais que se alimentam das sementes da minha barriga sejam torrados, no poderoso nome de Jesus Cristo!

Todo desejo maligno dos poderes malignos da casa de meu pai contra a minha procriação seja revogado pelo sangue de Jesus Cristo!

Todo cônjuge espiritual que produz filhos espirituais para nós, eu te amarro e te lanço, coloco sobre você o fogo do Espírito Santo, no poderoso nome de Jesus Cristo!

As lagartas e cancros que causam aborto espontâneo do meu ventre, saem pelo fogo do Espírito Santo, eu o saturo com o sangue de Jesus Cristo!

Quebro todos os laços de alma do passado que agora estão afetando meu casamento, no poderoso nome de Jesus Cristo!

Destruo todo espírito de bruxaria que me mostra símbolos vermelhos, com um plano demoníaco em meus sonhos, no poderoso nome de Jesus Cristo!

Eu libero o sangue de Jesus Cristo, para curar o alicerce do meu casamento, no poderoso nome de Jesus Cristo!

Pelo poder do Espírito Santo, supero todo medo de aborto espontâneo, no poderoso nome de Jesus Cristo!

Todo poder de bruxaria, causando falha na ereção, fraqueza e impotência dos órgãos do meu marido, perde o controle, no poderoso nome de Jesus Cristo!

Parabéns! Estou liberto por todos os lados, no poderoso nome de Jesus Cristo!

Oração da meia-noite para anular a separação do corpo, o divórcio no meu casamento:

Em uma atmosfera de louvor e adoração pelo Espírito Santo.

Levante-se nesta meia-noite movido pelo Espírito Santo, e pela fé em Jesus Cristo, coloque em prática essas orações.

Comece com uma palavra de agradecimento a Deus pelo milagre do parto.

Peça a Deus que perdoe todos os seus pecados.

Ore agressivamente com fé em Jesus Cristo durante este período:

Toda aliança de casamentos múltiplos em minha linhagem seja anulada pelo sangue de Jesus Cristo, e isso no poderoso nome de Jesus Cristo!

Deus, meu Pai, que a alegria eterna encha minha casa agora e para sempre, no poderoso nome de Jesus Cristo!

Ordeno que o espírito de rebelião e raiva dentro de mim seja queimado pelo fogo do Espírito Santo, no poderoso nome de Jesus Cristo!

Que o orgulho e o ego entre mim e meu marido acabem, no poderoso nome de Jesus Cristo!

Pai Celestial, em nome de Jesus Cristo, não permita que o amor de meu marido se afaste de mim, no poderoso nome de Jesus Cristo!

Todo mau pensamento, imaginação ou plano na mente de meu marido contra meu casamento, ó Senhor, não permanecerá, no poderoso nome de Jesus Cristo!

Espírito Santo, ajude-me a ser uma boa esposa para meu marido, no poderoso nome de Jesus Cristo!

Eu impeço que o espírito imundo me use contra meu marido e meu marido contra mim, no poderoso nome de Jesus Cristo!

Que a sabedoria de Deus para resolver nossas diferenças venha sobre mim e meu marido, no poderoso nome de Jesus Cristo!

Qualquer tentativa satânica de fazer com que meu marido e eu nos odiemos sem motivo, será cancelada pelo fogo do Espírito Santo, no poderoso nome de Jesus Cristo!

Senhor Jesus Cristo, levante-se e traga de volta a harmonia conjugal perdida ao nosso casal, no poderoso nome de Jesus Cristo!

Eu removo e expulso o espírito de medo da minha vida de casado, recebo o espírito de poder do amor conjugal que vem do Espírito Santo, no poderoso nome de Jesus Cristo!

Sou contra todo espírito de imaturidade conjugal em nosso casamento, deixe-nos agora e nunca mais volte, no poderoso nome de Jesus Cristo!

Qualquer homem ou mulher desempregado que der ao meu marido informações falsas sobre mim, seja exposto, no poderoso nome de Jesus Cristo!

Pai Celestial, em nome de Jesus Cristo, ajude meu marido a se tornar um homem maduro que não será pressionado pelos sogros, no poderoso nome de Jesus Cristo!

Que todo plano maligno de meu marido de trazer uma segunda esposa devido à minha incapacidade de conceber seja nulo e sem efeito no poderoso nome de Jesus Cristo!

Eu quebro as idéias ou pensamentos do espírito de poligamia que surgem cada vez no coração de meu marido, no poderoso nome de Jesus Cristo!

Seja qual for o motivo da nossa separação ou divórcio, que a sua misericórdia prevaleça neste assunto, no poderoso nome de Jesus Cristo!

Eu venho contra o espírito de luxúria e imoralidade, você não tem lugar no meu casamento, no poderoso nome de Jesus Cristo!

Que todas as palavras de meu marido e dos maus conselheiros para uma decisão de divórcio, na carne ou no espírito, sejam canceladas no poderoso nome de Jesus Cristo!

Obrigado Senhor Jesus Cristo, por atender minhas orações, tenho a firme certeza de que verei isso realizado.

A oração prática da meia-noite pelo milagre da gravidez no poderoso nome de Jesus Cristo:

A oração começa em uma atmosfera de louvor e adoração.

Levante-se esta meia-noite e ore pela fé em Jesus Cristo.

Comece sua oração com um ato de agradecimento a Deus pelo milagre do parto.

Ore agressivamente por uma a duas horas de orações.

Somente se você for orientado, tente adotar uma criança para esse fim.

Eu libero o sangue de Jesus Cristo para limpar este fruto enquanto o uso para orar pela minha fertilidade, no poderoso nome de Jesus Cristo!

Que as virtudes do Deus Todo-Poderoso saturem este fruto de cura e testemunhos, no poderoso nome de Jesus Cristo!

Que todo espírito de bruxaria em relação ao meu fruto do ventre comece a dar lugar aos meus milagres, no poderoso nome de Jesus Cristo!

Encontro todos os frutos de tristeza e amargura em meu casamento, volto-me para a mansidão, no poderoso nome de Jesus Cristo!

Enquanto seguro meu estômago, que todo objeto maligno que se move ao redor do meu corpo seja dominado pelo poder do Espírito Santo, no poderoso nome de Jesus Cristo!

Ao orar por este fruto, a partir de hoje, minha casa receberá o milagre da gravidez, no poderoso nome de Jesus Cristo!

Ao orar por este fruto, toda figueira plantada em meu casamento será cortada, no poderoso nome de Jesus Cristo!

Enquanto oro por este fruto, Pai, que a semente deste fruto se torne uma bênção em meu corpo enquanto eu o como, no poderoso nome de Jesus Cristo!

Enquanto oro por esta fruta, deixe a água dela fluir para minha área reprodutiva para torná-la fértil, no poderoso nome de Jesus Cristo!

Enquanto eu oro por este fruto, enquanto este fruto é rasgado na estação certa, meu casamento será abençoado com bebês, no poderoso nome de Jesus Cristo!

Ordeno que a bênção de Deus esteja ligada a uma árvore frutífera, venha sobre meu casamento, no poderoso nome de Jesus Cristo!

Que a bênção de Deus sobre este fruto me torne uma mulher fecunda, no poderoso nome de Jesus Cristo!

As árvores produzem frutos em sua própria estação, ó Senhor Jesus Cristo, esta é minha própria estação de milagres de bebês, deixe acontecer, no poderoso nome de Jesus Cristo!

O espírito da fruta podre não engolirá a recompensa do meu casamento, no poderoso nome de Jesus Cristo!

Ao comer esta fruta, tudo o que bloqueia minha concepção se curvará ao poder do nome de Jesus Cristo nesta fruta, no poderoso nome de Jesus Cristo!

Ao como desta fruta, que a bondade e a misericórdia estejam com meu casal, no poderoso nome de Jesus Cristo!

Senhor Jesus Cristo, deixe este fruto desafiar todo veneno escondido em meu corpo a ser repelido pelo fogo do Espírito Santo, no poderoso nome de Jesus Cristo!

Pai Celestial, Senhor Jesus Cristo, enquanto como esta fruta, deixe o espírito de sabedoria descansar sobre minha vida, no poderoso nome de Jesus Cristo!

Deus, levante-se e use este fruto para eliminar o aborto espontâneo da esterilidade da minha vida, no poderoso nome de Jesus Cristo!

Todo órgão morto que cria calor interno em meu corpo, seja restaurado e totalmente curado pelo comando deste fruto da vida, no poderoso nome de Jesus Cristo!

A oração de ação de graças pela vitória sobre os frutos da morte:

Sempre comece sua oração em uma atmosfera do Espírito Santo com louvor e adoração a Deus.

Fortalecido pelo Espírito Santo e pela fé em Jesus Cristo, levante-se esta meia-noite e pratique essas orações milagrosas no poderoso nome de Jesus Cristo.

Comece sua oração agradecendo a Deus pelo milagre do parto.

Ore agressivamente por uma hora ou mais.

Dance sua dança e cante suas canções espirituais no poderoso nome do Espírito de Jesus.

Agradeço-lhe Senhor Jesus Cristo por este momento de atender meus pedidos, no poderoso nome de Jesus Cristo!

Agradeço por remover a vergonha e a desgraça do meu casamento, receba toda a glória, no poderoso nome de Jesus Cristo!

Eu te louvo porque agora vejo sinais bons e positivos de seus planos para minha vida, no poderoso nome de Jesus Cristo!

Agradeço a você, Jesus Cristo, meu redentor, por sempre estar ao meu lado sempre que invoco o seu nome, no poderoso nome de Jesus Cristo!

Obrigado Senhor Jesus Cristo por me tornar vitorioso sobre todos os meus desafios conjugais, no poderoso nome de Jesus Cristo!

Espírito Santo, nada tirará de mim o seu louvor, pois você é poderoso para sempre, no poderoso nome de Jesus Cristo!

Agradeço-lhe pela certeza da sua palavra que diz: Meu caso está resolvido, no poderoso nome de Jesus Cristo!

Obrigado Senhor Jesus Cristo, pelo milagre dos meus bebês em um futuro próximo, no poderoso nome de Jesus Cristo!

Eu te louvo por transformar minha roupa estéril em uma roupa frutífera, no poderoso nome de Jesus Cristo!

Agradeço a Ti, Jesus Cristo, por fortalecer minha fé e confiança para engravidar, no poderoso nome de Jesus Cristo!

Obrigado pelo seu poder de cura sobre o meu casamento e pela sua preocupação em me tornar uma mãe orgulhosa, no poderoso seg de Jesus Cristo!

Eu te louvo, o Rei dos reis, porque suas palavras serão meu guia eterno, no poderoso nome de Jesus Cristo!

Eu te louvo, Senhor Jesus Cristo, apesar da minha vida pecaminosa, isso nunca impede o seu desejo de me ajudar a sair de situações ruins, no poderoso nome de Jesus Cristo!

Pois quando estou sozinho, desesperado, deprimido, você intervém e me conforta, eu te louvo e te adoro meu Deus, no poderoso nome de Jesus Cristo!

Quando o mundo continua me perguntando onde está meu Deus? Obrigado por sua rápida intervenção para me agradar, no poderoso nome de Jesus Cristo!

Senhor Jesus Cristo, continuarei a lhe dar todo louvor e adoração por suas grandes obras em minha vida, no poderoso nome de Jesus Cristo!

Ao louvá-lo esta noite, selo um pacto de fecundidade de longo prazo em meu casamento, no poderoso nome de Jesus Cristo!

Oh meu Deus, seja a glória por todas as coisas que você fez por mim e pelas grandes coisas que você está trabalhando para mim, no poderoso nome de Jesus Cristo!

Em todas as situações em que me encontrar, continuarei a louvar e agradecer pela sua misericórdia para com a minha vida, no poderoso nome de Jesus Cristo!

Comece a cantar qualquer canção de louvor conforme o Espírito Santo o guiar, no poderoso nome de Jesus Cristo!

Os seis dias de recuperação do meu verdadeiro sonho roubado:

Siga as orações de seis dias aqui e você será bem-vindo aos nossos sete dias de jejum e orações por todas as mulheres grávidas ao redor do mundo.

Os sete dias de jejum e orações são destinados às mulheres casadas que acreditam em Deus pelo fruto do ventre. Se você é recém-casado, também está qualificado. O horário de jejum é das seis da manhã às seis da tarde.

Todos os dias usaremos água e nossas frutas favoritas para quebrar o jejum às seis da tarde. Também podemos comer qualquer outro alimento depois de quebrar o jejum.

O tipo de jejum é seco! Atenção: Este programa não inclui mulheres solteiras, mas apenas mulheres ou homens casados, conforme aplicável. Tome nota: O que evitar durante o jejum e as orações.

Orações antes e depois do jejum e orações. Misericórdia de Deus através do arrependimento. Como a palavra de Deus deixa claro nas escrituras abaixo:

Ora, havia uma mulher que sofria de um problema de sangue há doze anos e que gastara todo o seu dinheiro com médicos, mas ninguém conseguia curá-la. Ela se aproximou por trás e tocou a orla da roupa de Jesus. Ao mesmo tempo, a perda de sangue parou. **Lucas 8:43-44.**

A história do fluxo de sangue da mulher é uma grande lição para todas as mulheres grávidas que acreditam em Deus para o fruto do ventre. Ela perdeu tudo para o diabo, inclusive suas virtudes. O diabo roubou todo o seu destino conjugal, seu dinheiro, sua saúde, etc. Ela orou e jejuou diante de Deus, mas parece que suas orações não foram respondidas.

A Bíblia diz: Que no momento em que ela tocou as vestes de Jesus Cristo, saíram dele virtudes e obviamente esta mulher deprimida foi curada imediatamente. Foi a sua fé que facilitou este milagre e restauração. Porque é através da fé que poderemos tocar as vestes de Jesus Cristo, para receber a nossa cura milagrosa.

Davi salvou tudo o que os amalequitas haviam levado e também libertou suas duas esposas. Não lhes faltou ninguém, nem pequeno nem grande, nem filho nem filha, nem coisa alguma do despojo, nem coisa alguma que lhes tivesse sido tirada: David trouxe tudo de volta. **1Samuel 30:18-19.**

Satanás odeia casamentos e não quer que o casal produza filhos. Também garante que sofram nas áreas da gravidez. A Bíblia diz que Satanás veio para roubar, matar e destruir, no casal ele vem para matar, roubar e destruir o ventre.

Muitos úteros foram roubados pelo inimigo e o sonho continuou recebendo o maior ataque de todos os tempos. Qualquer inimigo que quiser roubar sua barriga será enterrado vivo, no poderoso nome de Jesus Cristo!

Acompanhe as orações do quinto dia, aqui. Liberte meus bebês da escravidão do mal.

Orações contra a esterilidade e a infertilidade: Recuperação de crianças do sexo masculino no sonho.

Instruções: Coloque as mãos sobre o estômago e comece a falar as palavras de Deus a respeito do seu casamento. Escreva o nome do seu primeiro filho em um pedaço de papel e ore por ele. Pegue sua água fresca e sua fruta favorita e declare Deuteronômio 28:1-14, na fruta e na água.

Ore seriamente sobre isso. Você pode usá-lo para quebrar o jejum antes das seis da tarde. Todas as orações devem ser feitas dia e noite. Compre um presente para qualquer bebê ao seu redor.
Sessão da Manhã: Pontos de Oração:

Todo poder da minha fundação, contestando meu destino, morra, no poderoso nome de Jesus Cristo!

Todo poder designado para destruir minha barriga pega fogo, no poderoso nome de Jesus Cristo!

O que quer que tenha sido aprisionado em meu casamento, onde quer que os destinos de meu ventre tenham sido aprisionados, ordeno agora que você seja libertado pelo fogo, no poderoso nome de Jesus Cristo!

Onde quer que meu ventre esteja escondido, agora ordeno que você apareça e me localize, no poderoso nome de Jesus Cristo!

Recupero meu destino das mãos dos inimigos domésticos, no poderoso nome de Jesus Cristo!

Meus sonhos de glória, manifestados pelo fogo, no poderoso nome de Jesus Cristo!

Ordeno que os céus se abram sobre meu casamento, no poderoso nome de Jesus Cristo!

Eu recupero meu útero roubado da posse de bruxaria, no poderoso nome de Jesus Cristo!

Recupero meu ventre roubado pela mãe malvada, no poderoso nome de Jesus Cristo!

Eu recupero meu útero roubado da bruxaria ambiental, no poderoso nome de Jesus Cristo!

Recupero meu sonho divino roubado da terra dos sequestradores do destino, no poderoso nome de Jesus Cristo!

Recuso-me a comer qualquer alimento no sonho demoníaco, que rouba minhas bênçãos, no poderoso nome de Jesus Cristo!

Tudo o que está programado no sonho demoníaco, moldado contra o meu casamento e a minha fertilidade, morra no poderoso nome de Jesus Cristo!

Cada mão perversa que me atormentou e oprimiu durante minha ovulação murcha e morre, no poderoso nome de Jesus Cristo!

Todo estranho escondido em minha vida para causar problemas, aborto ou gravidez, seja removido pelo fogo do Espírito Santo, no poderoso nome de Jesus Cristo!

Pela visitação do Deus Todo-Poderoso, que todo dispositivo usado pelo inimigo para monitorar meu testemunho seja queimado no poderoso nome de Jesus Cristo!

Que todos os fundamentos demoníacos da minha vida sejam abalados pela visitação divina de Deus, no poderoso nome de Jesus Cristo!

O Senhor que ouviu a oração de Ana e Sara, visite-me e deixe meu ventre produzir filhos gloriosos, no poderoso nome de Jesus Cristo!

Os inimigos da meia-noite que assumiram o dever de substituir os cavalos por mim em suas reuniões de bruxaria causadoras de abortos, morram, no poderoso nome de Jesus Cristo!

Deus meu pai, apareça e disperse toda reunião de bruxaria na casa de meu pai para a desolação, no poderoso nome de Jesus Cristo!

Cada mão dos ímpios contra meu sonho divino e minha barriga seja assada, no poderoso nome de Jesus Cristo!

Deus de Elias, visite todo amigo hostil e desonre-o, no poderoso nome de Jesus Cristo!

Tudo o que está presente em meu corpo, que torna meu ventre fraco para gerar meus filhos, eu removo agora, no poderoso nome de Jesus Cristo!

Os feiticeiros, ladrões de sonhos divinos, que roubaram minhas regras, ordeno-lhes pela ira divina, devolvam-nos, no poderoso nome de Jesus Cristo!

Pela visitação do Deus Todo-Poderoso, seu marido espiritual que se opõe à minha concepção, seja massacrado e morra imediatamente, no poderoso nome de Jesus Cristo!

Cada buraco na minha barriga causando aborto espontâneo, o sangue de Jesus cobre-o agora, no poderoso nome de Jesus Cristo!

Ó Deus de Israel, visite-me como você visitou os filhos de Israel com milagres naquele dia, no poderoso nome de Jesus Cristo!

Aumento minha fé para trazer gêmeos ao mundo, no poderoso nome de Jesus Cristo!

Pela sua visita a Sara, a mãe de Sansão, a mulher sunamita e eles se tornaram frutíferos, Oh Senhor, visite-me, no poderoso nome de Jesus Cristo!

O cadáver de Lázaro ouviu a tua voz no túmulo, tudo de bom que morreu na minha vida de casado, pelo poder do Deus vivo, ressuscitado pelo fogo do Espírito Santo, no poderoso nome de Jesus Cristo!

Deus que visitou Obede-Edom e mudou sua vida, visite-me no poderoso nome de Jesus Cristo!

Ó Senhor Jesus Cristo, através do poder do Espírito Santo, que visitou a Virgem Maria e libertou o Salvador do mundo, faça a coisa mais difícil da minha vida, no poderoso nome de Jesus Cristo!

Qualquer maldição lançada contra a minha procriação baseada em sonhos diabólicos, seja abortada pelo sangue de Jesus Cristo!

Vocês, donos de terras malignas, ouçam a palavra do Senhor Deus, carreguem sua carga, no poderoso nome de Jesus Cristo!

Meu casamento não acaba, no poderoso nome de Jesus Cristo

A recuperação do meu verdadeiro estado inicial roubado pelo mundo das trevas:

Sou como uma árvore plantada junto a rios de água, a semente de Deus em mim não morrerá, nem minhas folhas murcharão, no poderoso nome de Jesus Cristo!

Pacto de perda de gravidez em meu casamento, seja quebrado pelo fogo do Espírito Santo, no poderoso nome de Jesus Cristo!

Toda boca que rouba a glória do meu marido, seja fechada hoje, no poderoso nome de Jesus Cristo!

Todo poder que planeja o mal contra mim cai e morre, no poderoso nome de Jesus Cristo!

Ordeno que todos os danos causados à minha vida por qualquer poder de bruxaria sejam reparados, no poderoso nome de Jesus Cristo!

Minhas virtudes roubadas e escondidas debaixo das águas, eu as recupero pelo fogo do Espírito Santo, agora no poderoso nome de Jesus Cristo!

Minha virtude, roubada e escondida abaixo e acima da terra, eu a recupero pelo fogo do Espírito Santo agora, no poderoso nome de Jesus Cristo!

Senhor Jesus Cristo, conceda meus esforços, meu dinheiro, minha saúde, minha força e minhas bênçãos, no poderoso nome de Jesus Cristo!

Todo poder maligno que retém minhas orações, meus sonhos ou a resposta às minhas orações, eu ordeno que você seja vinculado, no poderoso nome de Jesus Cristo!

Persigo, supero e recupero pelo fogo do Espírito Santo, todos os anos que os gafanhotos devoraram na vida conjugal, no poderoso nome de Jesus Cristo!

A minha plena recuperação não será mais prejudicada; Saí das decepções conjugais agora, no poderoso nome de Jesus Cristo!

Espírito dos desperdiçadores, você não pode roubar minha posse e restauração conjugal, por isso ordeno que morra, no poderoso nome de Jesus Cristo!

Qualquer voz maligna chamando meu nome na escuridão por perda financeira, perda conjugal, perda de gravidez, etc. seja calcinado pelo fogo consumidor e silenciado pelo poderoso nome de Jesus Cristo!

O poder ancestral que engole e se alimenta da minha recuperação, eu te amarro e te mando para a cova, no poderoso nome de Jesus Cristo!

Ordeno que todas as portas de coisas boas, fechadas contra mim pelos inimigos, sejam abertas, no poderoso nome de Jesus Cristo!

Ó meu Deus, use o poder da sua ressurreição para me fazer feliz como uma mãe alegre, no poderoso nome de Jesus Cristo!

Abordo a batalha fundamental herdada que está perturbando meu casamento e que agora atinge minha vida, morra no poderoso nome de Jesus Cristo!

Cada problema que surgiu em minha vida como resultado de minha ignorância, Pai Celestial, tenha misericórdia de mim, no poderoso nome de Jesus Cristo!

Todo poder por trás da estagnação e dos sonhos demoníacos em meu casamento, saia da minha vida e morra imediatamente, no poderoso nome de Jesus Cristo!

Planto a árvore da fertilidade no meu relacionamento, no poderoso nome de Jesus Cristo!

Todo jugo de sonhos malignos que me atormentam, seja quebrado pelo fogo consumidor, no poderoso nome de Jesus Cristo!

Correntes malignas que foram usadas no reino espiritual para amarrar meu tubo e útero, sejam liberadas e quebradas pelo fogo consumidor, no poderoso nome de Jesus Cristo!

Recupero tudo que perdi para as serpentes da casa de meu pai, em nome de Jesus. Espírito de restauração, reavive minha barriga e meu sonho, no poderoso nome de Jesus Cristo!

Minha barriga e meu peito começam a funcionar perfeitamente no poderoso nome de Jesus Cristo!

Todo obstáculo satânico montado contra o crescimento da minha gravidez seja desmantelado no sonho divino, no poderoso nome de Jesus Cristo!

Deixe o sangue de Jesus Cristo expulsar todos os depósitos satânicos da minha barriga, no poderoso nome de Jesus Cristo!

Recebo fé para continuar em meu relacionamento, oro pela Profetisa Clauzel, pelo ministério e parceiros ao redor do mundo, obrigado Jesus Cristo por responder minhas orações.

Orações contra atacantes fundamentais do útero:

Antes de te formar no ventre, eu te conheci; e antes de você sair do ventre de minha mãe, eu te santifiquei e te ordenei profeta para as nações. **Jeremias 1:5.**

Pois você possuiu minhas rédeas; você me cobriu no ventre de minha mãe. **Salmo 139:13.**

A Bíblia é um manual completo. A Bíblia tem um lugar especial para o útero. Jesus Cristo ama as crianças e não quer que elas sejam atacadas no ventre.

Os atacantes fundamentais do útero são poderes que atacam principalmente os bebês em gestação. Cada recém-nascido tem uma nova glória que sempre vem com ele desde o ventre de sua mãe. E uma vez visto pelo diabo, ele fará questão de destruí-lo.

Irmãos e irmãs no Senhor Jesus Cristo, o problema de muitas pessoas começou, desde o ventre, nem mesmo nos poderes da casa do pai ou da casa da mãe.

Porque os poderes da casa de nossos pais só nos afetarão se operarmos dentro das maldições, dos ídolos e da maldade da linhagem familiar.

Este assunto de libertação tem sido restrito ao ensino de muitos ministros de libertação hoje. É hora de começarmos a olhar para esta questão fundamental de forma holística, se quisermos que haja uma publicação abrangente.

Na busca de milagres, de poder, de sucesso, muitas mães hoje, por ignorância, levaram seus úteros para muitos lugares estranhos. Alguns úteros receberam ataques misteriosos por imposição de mãos malignas. Algumas mães ficaram bêbadas durante a gravidez.

Quando essa criança cresce, ela começa a sofrer um ataque fundamental. Vi uma mulher grávida num confronto verbal feroz com outra mulher. Na verdade, eles estavam trocando maldições.

Ouvi a mulher dizer o seguinte: Que você nunca desfrute da glória do seu filho ainda não nascido. Ela foi além e disse: Como você me amaldiçoou, isso se voltará contra seu filho. Mulher inútil! Esse é um problema sério.

Um dia fui ver um amigo em outra aldeia. Havia uma mulher grávida dormindo no chão e uma mulher passava por seu corpo. Hum! São muitas as trocas de destinos que nossas mães desconhecem. Nos tempos antigos, nossas mães eram tão descuidadas com os artifícios do diabo e os demônios realmente se aproveitaram de sua ignorância.

Há guerra para combater os irmãos, e há orações dedicadas para orar contra os agressores do ventre. Os atacantes do útero são potências que travam guerra principalmente contra o útero.

Se você quiser seguir em frente, prosperar e se casar, há perguntas pertinentes que você precisa fazer às suas mães enquanto estiver vivo. As mães têm um bom conhecimento do desenvolvimento dos seus filhos. A pergunta deve ser sobre as circunstâncias de seu nascimento.

É verdade que algumas mães tentariam esconder de você essa informação. Fica pior para uma pessoa quando a mãe se atrasa. É por isso que vemos muitas pessoas (homens e mulheres) sofrendo, definhando na pobreza e na penúria, rezando sem saber a origem dos seus problemas.

Muitas pessoas buscam libertação apenas para voltar com os mesmos problemas. As pessoas ouviriam a verdade e simplesmente a ignorariam. E uma vez que a situação se agrave, procurarão às pressas um pastor, a quem possam apresentar seus problemas para orações urgentes.

E se o pastor em questão for uma pessoa fraca em conhecimento e sem instrução na área de libertação, rapidamente se aproveitará do seu desespero, vendo todo tipo de falsas visões.

Uma mulher grávida ia buscar lenha na aldeia mas no caminho para casa recebeu um ataque no estômago, mas conseguiu fazer o parto com segurança, é óbvio que a criança ficou surda. É por isso que alguns bebês que nascem cegos ou surdos hoje não são realmente programados pela natureza, mas pelo diabo.

Por exemplo: Se uma mulher grávida for a um médico nativo, esta criança que vai nascer estará inconscientemente condenada aos poderes malignos dos sacerdotes.

Todos os lugares estranhos e impuros onde nossas mães foram com o propósito de fertilidade, automaticamente a criança nascerá sendo vendida ao mundo das trevas, porque ela se tornou fruto de obra satânica.

Oro se sua vida foi dedicada ao diabo, saia pelo fogo consumidor do Espírito Santo, no poderoso nome de Jesus Cristo!

Quando uma mulher grávida come qualquer alimento que lhe seja dado pelas pessoas, ela está colocando em risco o destino do feto. A libertação de que fala nosso querido Senhor Jesus Cristo está no ventre.

Você dirá esta oração em alto e bom som:

Os atacantes satânicos que roubaram minha glória original quando eu estava no ventre de minha mãe, eu recupero minha glória, no poderoso nome de Jesus Cristo!

Instrução: Embarque em sete dias de jejum e orações entre seis da manhã e seis da tarde.

Orações contra atacantes fundamentais do útero:

Todo poder fundamental que me atacou quando eu estava no útero e está me afetando agora, seja queimado pelo fogo consumidor do Espírito Santo, no poderoso nome de Jesus Cristo!

Todo espírito polígamo em minha fundação seja desarraigado pelo fogo consumidor do Espírito Santo, no poderoso nome de Jesus Cristo!

Os sequestradores da casa de meu pai e da casa de minha mãe morrem pelo fogo consumidor, no poderoso nome de Jesus Cristo!

Senhor, a glória que foi perdida enquanto eu estava no ventre de minha mãe, restaure-a para mim em nome de Jesus Cristo!

A glória que perdi por causa do descuido e ignorância de minha mãe, ó Senhor Jesus Cristo, restaure-a em sua misericórdia, no poderoso nome de Jesus Cristo!

A glória que perdi ao ser carregada por uma mão maligna, Pai, restaura-me, na tua misericórdia, no poderoso nome de Jesus Cristo! A primeira mão que tocou minha cabeça e roubou minha glória quando vim ao mundo no dia em que nasci, ó Senhor, livrou-me pelo fogo consumidor do

Espírito Santo, restaure minha glória e destrua aquela mão sombria, no poderoso nome de Jesus Cristo!

A primeira voz que ouvi ao vir a este mundo, que roubou minha glória, ó Senhor, deixe esta voz demoníaca ser nula e sem efeito, no poderoso nome de Jesus Cristo!

As primeiras roupas que minha mãe colocou em mim quando eu era bebê e o inimigo as usa contra mim, sejam destruídas totalmente, no poderoso nome de Jesus Cristo!

Pai Celestial em nome de Jesus Cristo, entregue minha glória que foi roubada pela parteira, durante meu nascimento, no poderoso nome de Jesus Cristo!

O primeiro sapato que usei quando criança e que foi usado pelos inimigos para atrasar muitas coisas em minha vida, foi queimado pelo fogo consumidor do Espírito Santo, no poderoso nome de Jesus Cristo!

A mulher estranha que colocou coisas estranhas na minha boca quando eu era criança, na ausência de minha mãe, foi extinta pelo fogo consumidor do poder do Espírito Santo, no poderoso nome de Jesus Cristo!

Problema hereditário fundamental que faz com que pessoas que perdem boas oportunidades morram, no poderoso nome de Jesus Cristo!

Pai Celestial, em nome de Jesus Cristo, livra minha glória dos homens e mulheres com quem meus pais dormiram no passado, no poderoso nome de Jesus Cristo!

Todo espírito estranho que perturba meu sangue, causando doenças em meu corpo, morra, no poderoso nome de Jesus Cristo!

Os agressores no ventre da casa de meu pai que me amaldiçoaram no ventre de minha mãe, sejam removidos pelo precioso sangue de Jesus Cristo, no poderoso nome de Jesus Cristo!

Toda primeira água do dia do meu nascimento que foi usada contra mim, secou pelo fogo consumidor do Espírito Santo, no poderoso nome de Jesus Cristo!

Deus, levante-se e ajuste meu alicerce no ventre, no poderoso nome de Jesus Cristo!

Em todos os lugares estranhos onde minhas mães chegaram em busca de problemas espirituais, quando eu estava no ventre, apaguei minha presença em seus lugares com o precioso sangue de Jesus Cristo, no poderoso nome de Jesus Cristo!

Pai Celestial, no poderoso nome de Jesus Cristo, perdoe-me e tenha misericórdia de minha mãe, no poderoso nome de Jesus Cristo!

Todos os poderes fundamentais que compartilham partes da minha glória morrem pelo fogo consumidor do Espírito Santo, no poderoso nome de Jesus Cristo!

Ó vocês, mãos que lançaram feitiços malignos sobre mim quando eu estava no ventre de minha mãe, que a chama do fogo devorador do Espírito Santo os calcine, no poderoso nome de Jesus Cristo!

Pai Celestial, em nome de Jesus Cristo, se minha mãe é a culpada pelos meus problemas, ó Deus, levante-se e tenha misericórdia dela, no poderoso nome de Jesus Cristo!

Que o sangue de Jesus Cristo quebre a aliança marítima entre minha mãe e o inferno, no poderoso nome de Jesus Cristo!

Se minha mãe entregou uma certa porcentagem de minhas bênçãos ao diabo, eu cancelo isso pelo sangue de Jesus Cristo, no poderoso nome de Jesus Cristo!

A partir de hoje estou livre da batalha fundamental herdada, tenho vitória, no poderoso nome de Jesus Cristo!

Deixe o sangue de Jesus Cristo ser quente sete vezes para reparar minha cabeça agora, em nome do poderoso Jesus Cristo!

Qualquer virtude que seja trocada sobre mim, eu a repreendo pelo fogo consumidor do Espírito Santo, no poderoso nome de Jesus Cristo!

A mão que cortou meu cordão umbilical ao nascer e a boca que proferiu maldições sobre meu destino, que suas obras demoníacas realizaram sobre mim, sejam destruídas, no poderoso nome de Jesus Cristo!

Os olhos que viram minha placenta de onde ela está enterrada e foram usados contra mim, ficaram cegos pelo fogo do Espírito Santo, no poderoso nome de Jesus Cristo!

A glória que perdi quando era bebê, quando fui levado para uma casa desconhecida, eu recupero, no poderoso nome de Jesus Cristo!

Os poderes ancestrais que me seguem neste mundo partem de mim, no poderoso nome de Jesus Cristo!

Que todo programa maligno contra o meu alicerce seja destruído pelo fogo consumidor do Espírito Santo, no poderoso nome de Jesus Cristo!

Que a mão que cortou meu cabelo quando eu era criança e ataca meu casamento precoce murche, no poderoso nome de Jesus Cristo!

Que todo sacerdote maligno que esteja escondendo minha glória de mim desista e morra, no poderoso nome de Jesus Cristo!

Pai Celestial, no poderoso nome de Jesus Cristo, corrija os erros de minha mãe, no poderoso nome de Jesus Cristo!

Que minha glória, que foi vendida por meus pais por causa da pobreza e do sofrimento, seja recuperada pelo fogo consumidor do Espírito Santo, no poderoso nome de Jesus Cristo!

Odeio atrasos desnecessários, portanto, todas as fortalezas de atraso em minha vida sejam quebradas, no poderoso nome de Jesus Cristo!

Meu Senhor Jesus Cristo, deixe o inimigo perder seus poderes, para travar uma batalha poderosa em meu nome, no poderoso nome de Jesus Cristo! Meu Deus, levante-se, mate todos os poderes que me controlam, que me monitoram, em nome de Jesus Cristo!

Recuso-me a ser limitado por todos os tipos de poderes das trevas, no poderoso nome de Jesus Cristo!

Senhor Jesus Cristo, torne o impossível possível para mim, no poderoso nome de Jesus Cristo!

Todo poder maligno permite reprogramar minha vida, ser aniquilada e morrer imediatamente, no poderoso nome de Jesus Cristo!

Revogo a extensão das maldições geracionais à minha vida de casado, no poderoso nome de Jesus Cristo!

A feitiçaria em meu alicerce, atrasando a promessa de Deus para meu casamento, seja nula e sem efeito pelo fogo consumidor do Espírito Santo, no poderoso nome de Jesus Cristo!

Todo derramamento de sangue pelo sacrifício feito por meus ancestrais antes do meu nascimento, que trouxe a maldição da procriação retardada para minha vida, morra e seja calcinado pelo fogo consumidor, no poderoso nome de Jesus Cristo!

Que todo poder que usa minha mãe contra meu rompimento conjugal morra, em nome de Jesus Cristo!

Minha glória não passará despercebida, no poderoso nome de Jesus Cristo!

Pai Celestial, em nome de Jesus Cristo, se minha mãe é uma bruxa, deixe-a confessar isso, no poderoso nome de Jesus Cristo!

Pai Celestial, no poderoso nome de Jesus Cristo, se meu pai é um feiticeiro, deixe-o confessar sua bruxaria, no poderoso nome de Jesus Cristo!

Quem quer que tenha usado a cabaça da bruxaria, o encantamento para roubar minhas bênçãos, eu

as transformo em cinzas, no poderoso nome de
Jesus Cristo!

Ó Deus, abra meu ventre para as crianças:
versículos bíblicos:

*Ele dá um lar à estéril, faz dela uma mãe alegre entre seus
filhos. Louve o Senhor!* **Salmos 113:9.**

*Esaú ergueu os olhos e viu as mulheres e as crianças, e disse:
Quem são estes que tens aí? E Jacó respondeu: Estes são
os filhos que Deus concedeu ao teu servo.* **Gênesis 33:5.**

*Se você obedecer à voz do Senhor, seu Deus, guardando e
cumprindo todos os seus mandamentos que hoje lhe ordeno,
o Senhor, seu Deus, o tornará superior sobre todas as
nações da terra. Estas são todas as bênçãos que fluirão
sobre você e que serão a sua porção, quando você obedecer à
voz do Senhor seu Deus: O fruto do seu corpo, o fruto da
sua terra, o fruto dos seus rebanhos, a descendência do seu
rebanho e o seu rebanho, todas essas coisas serão
abençoadas. O Senhor te encherá de bens, multiplicando o
fruto do teu ventre, o fruto dos teus rebanhos e o fruto da
tua terra, na terra que o Senhor jurou a teus pais que te
daria.* **Deuteronômio 28:1-2. 4 e 11.**

*Você será mais abençoado do que todas as pessoas; não
haverá entre vós homem nem mulher estéril, nem animais
estéreis entre os vossos rebanhos.* **Deuteronômio 7:1.**

Acompanhe aqui as orações do terceiro dia:

Os sete dias de jejum e orações para todas as mulheres grávidas. Os sete dias de jejum e orações são destinados às mulheres casadas que acreditam em Deus pelo fruto do ventre. Se você é recém-casado, também está qualificado.

O horário de jejum é das seis da manhã às seis da tarde todos os dias. Usamos água e nossas frutas favoritas para quebrar o jejum às seis da tarde. Também podemos comer qualquer outro alimento depois de quebrar o jejum. O tipo de jejum é seco!

NB: Este programa não inclui apenas mulheres, mas também homens casados que desejam acompanhar suas esposas nas orações. Porque há homens que se encontram nesta situação sem perceber.

Nosso Deus pode abrir o ventre de cada mãe para os bebês. Contanto que permaneçam e obedeçam à voz do Deus Todo-Poderoso. Os bebês são muito importantes no casamento. Eles são a espinha dorsal da alegria e da fecundidade em todo casamento.

Eis que os filhos são uma herança da parte do Senhor, e o fruto do ventre é uma recompensa. **Salmos 127:3.**

O desejo de Deus é dar-lhe filhos e fazer de você uma mãe alegre. Ele não quer fechar seu ventre e segurar seus bebês. Existem exemplos na Bíblia de casais que eram inférteis, mas depois conceberam bebês gloriosos e maravilhosos.

A única solução para a infertilidade nada mais é do que oração e jejum. Isso não exige que você tome banho espiritual em um rio! Existem muitos casais que desejam procriar. A mulher tem muita dificuldade em conceber e as outras têm muita dificuldade em dar à luz com sucesso.

Algumas pessoas questionaram-nos sobre as razões e enquanto outras sugeriram uma saída. O fruto do ventre é a chave para a realização conjugal. Quando um casal não pode ter filhos, surgem frustrações e decepções.

O pecado é uma das principais causas da infertilidade. Tem o poder de unir um homem e uma mulher que fornicam. O pecado pode ser leve quando praticado, mas pressagia um sério ataque ao casamento.

Às vezes o problema começa quando a mulher se casa com o homem errado; caso contrário, é quando o homem se casa com a mulher errada. E como todo movimento está ligado a emoções e sentimentos, eles podem nem saber o que Deus está dizendo.

Se você perdeu a barriga e continua pecando, você aumenta ainda mais as suas aflições. Jesus Cristo olhou para o homem e disse-lhe: Vai e não peques mais, para que não te aconteça algo pior. A Bíblia diz que o pecado é uma abominação para Deus e quando uma mulher comete adultério e um homem dorme com uma mulher, eles destroem o seu casamento e atrapalham os planos de Deus.

Se você semeou coisas ruins no passado, quando se casar é provável que colha tudo o que plantou. Muitos úteros permanecem fechados, provavelmente por causa do que a esposa ou o marido fizeram antes ou na vida de casado. Deus pode perdoar uma pessoa, mas o perdão nunca eliminará as consequências do seu pecado.

Deus perdoou os pecados do rei Davi mas a espada não havia saído de sua casa, isso ainda acontece. É a única misericórdia de Deus que torna o casamento frutífero. Sem misericórdia não pode haver felicidade ou progresso no casamento.

Talvez você tenha falhado com Deus, talvez você tenha pecado mais quando era adolescente, talvez você seja uma bruxa, talvez você tenha abusado dos filhos de outras pessoas, talvez você não tenha praticado o que Deus lhe disse, talvez você tenha escondido coisas de seus marido, talvez você pertença à propriedade do marido espiritual, talvez você tenha tido um marido espiritual e talvez tenha passado pelo processo de aborto etc.

Abraão e sua esposa Sara tiveram seu primeiro filho quando ele tinha cem anos, e sua esposa tinha noventa anos. Porque configuraram a sua fé na promessa que Deus lhes tinha feito. Qual é o nível da sua fé hoje?

O único ataque que o diabo procura realizar no casamento é o ataque da falta de filhos e dos miomas. Cada casal que atualmente enfrenta o desafio do fruto do ventre recebeu um ataque misterioso do diabo. Certos modelos de comportamento na família contribuem para o casamento das pessoas.

Quando você vem de uma família onde a gravidez se tornou um problema sério, isso te impede de ter um filho. Qualquer coisa que você fizer, desde que venha de tal modelo de família, não verá a luz do dia.

Oro para que seu ventre se abra para bebês, no poderoso nome de Jesus Cristo!

Você já se fez esse tipo de pergunta?

Por que Deus escolheu abrir o ventre de outras pessoas com bebês e ignorar o meu?

Por que ainda estou esperando um filho na minha idade?

Eu ainda seria chamada de esposa ou mãe frutífera?

Como as pessoas te chamam?

Você ganhou o apelido de "a mulher estéril" por causa de sua incapacidade de conceber?

Rejeite este nome maligno dado a você. Não importa os desafios, não desista. Essas orações podem ser apenas a sua temporada de avanço. Cada oração específica, o nosso exercício de jejum, deve ser levado a sério.

Acompanhe aqui as orações do primeiro dia:

Que a misericórdia de Deus localize meu casamento. Como saber se o seu problema de gravidez ou infertilidade é afetado por humanos?

Através do sonho demoníaco, muitas vezes há mulheres em sono profundo, que recebem sonhos demoníacos, nos quais, recebem combate de outras pessoas ou estranhos, que estão em busca de sua fertilidade, e proferem maldições.

Confronto com pessoas durante a gravidez.

Trocar palavrões com pessoas durante a gravidez.

Permitir que as pessoas toquem sua barriga de maneira descuidada, mas ignorante.

Você visitou recentemente uma pessoa estranha que o contorceu.

Quando as pessoas zombam muito de você.

Quando você entrou em contato com a doença estranha de outra pessoa através do sexo.

Usar vestidos estranhos de seus amigos por causa da moda facilita a transmissão de maldições através das roupas.

Coma e beba água em local embargado.

Quando as pessoas te forçam a fazer o que você não quer.

Quando você está apegado aos amigos errados ou às pessoas erradas.

Quando você come um alimento contaminado de um familiar ou amigo.

Você quebrou a tradição da sua aldeia?

Que todos estejam sujeitos às autoridades superiores; pois não há autoridade que não venha de Deus, e as autoridades que existem foram instituídas por Deus. **Romanos 13:1-14.**

Deixe toda alma estar sujeita aos poderes superiores. Pois existem poderes que vêm de Deus: os poderes constituídos são ordenados por Deus. Existem culturas que proíbem muitas coisas em um relacionamento. Uma vez quebrado o voto ou a tradição, é provável que os efeitos resultantes se desenvolvam ao ponto da ausência de filhos.

Um exemplo disso é: uma mulher não deve cometer adultério quando for casada e, uma vez flagrada fazendo isso, a próxima ação é ter um problema no casamento. Outro embargo ou restrição em algumas famílias é imposto a qualquer mulher que tente casar novamente com outro homem sem o conhecimento do marido.

No momento em que ela faz isso, fica claro que tal mulher violou a lei e se não tomar cuidado, ela poderá enfrentar grandes desafios em seu casamento! Hmmm.

Orações recomendadas: Deus os abençoou, e Deus lhes disse: Frutificai, e multiplicai-vos, e enchei a terra, e sujeitai-a; e tenha domínio sobre os peixes do mar, e sobre as aves do céu, e sobre todo ser vivente que se move sobre a terra. **Gênesis 1:28.**

A fecundidade é uma primeira bênção que Deus pronunciou na sua boca para abençoar a vida humana. A fertilidade é uma grande bênção para todas as vidas, sem a qual a vida se tornará difícil na terra. A fertilidade é uma vantagem para o homem na terra, porque é o que constitui a vida no presente e no futuro. Quem não tem fertilidade fica privado da continuidade da vida.

Deus abençoou Noé e seus filhos, e disse-lhes: Frutificai e multiplicai-vos, e enchei a terra. **Gênesis 9:1.**

A fertilidade é a primeira bênção que Deus abençoou Noé quando ele saiu da arca, para multiplicar, encher, subjugar e dominar toda a terra. O homem depende da bênção divina que representa a fertilidade, sem a qual o homem não será capaz de se multiplicar e encher a terra, etc.

Pois o Senhor Deus é o nosso sol e o nosso escudo. Ele nos dá graça e glória. O Senhor não negará nada de bom àqueles que fazem o que é certo. As crianças são uma bênção de Deus! **Salmo 84:12.**

Os filhos são uma bênção de Deus, isto é; é a fertilidade que é uma bênção de Deus, porque sem ela o homem ficará totalmente privado dos filhos que são uma bênção de Deus, e não do marido ou da esposa.

Eis que os filhos são uma herança da parte do Senhor, e o fruto do ventre é uma recompensa. Como flechas na mão do guerreiro, assim são os filhos da juventude. Feliz é o homem que encheu a sua aljava com eles! Não serão envergonhados, quando falarem com os inimigos à porta. **Salmo 127:3-5.**

Na fertilidade há uma herança de Deus, que representa o fruto do nosso ventre que é uma recompensa de Deus.

Ele dá um lar à estéril, faz dela uma mãe alegre entre seus filhos. Louve o Senhor! **Salmo 113:9.**

Para aquela que é estéril, Deus acabará por recompensá-la, ela se tornará uma mãe alegre entre os seus filhos, como Sara, a quem Deus recompensou dando-lhe Isaque.

Esaú ergueu os olhos e viu as mulheres e as crianças, e disse: Quem são estes que tens aí? E Jacó respondeu: Estes são os filhos que Deus concedeu ao teu servo. **Gênesis 33:5.**

Os filhos que Deus recompensou o seu servo, porque na obra de Jacó, Deus não só o abençoou com mulheres, mas também com filhos, que representavam aos olhos de Deus e aos seus olhos, uma recompensa divina.

Sua esposa é como uma videira frutífera dentro de sua casa; seus filhos são como oliveiras em volta da sua mesa. **Salmo 128:3.**

Uma mulher fértil é uma videira em sua casa, por outro lado uma mulher infértil não representa nada em sua casa por causa de sua infertilidade, porque ela nunca será alegre entre seus filhos.

Encoraje-se na esperança contra toda esperança:

A esperança é esperar com confiança, quem espera em Deus está esperando o que Deus fará em sua vida.

Abrão confiou no Senhor, que lhe imputou isso como justiça. **Gênesis 15:6.**

Abrão esperava em Deus, portanto isso lhe foi creditado como justiça porque ele confiou em Deus. É a primeira atitude de um filho de Deus, que nele espera o fruto do seu ventre.

Eu fiz de você o pai de muitas nações. Ele é nosso pai diante daquele em quem acreditou, sim, Deus, que dá vida aos mortos e que chama as coisas que não são como se fossem. Esperando contra a esperança, ele acreditou, de modo que se tornou pai de muitas nações, conforme o que lhe foi dito: Esta será a tua descendência. **Romanos 4:17-18.**

Deus fez dele pai de uma grande nação por causa de sua fé em Deus, porque ele acreditou em Deus, esperando contra a esperança até se tornar pai de muitas nações.

Foi pela fé que a própria Sara, apesar da idade avançada, foi habilitada a ter posteridade, porque acreditou na fidelidade daquele que fez a promessa. **Hebreus 11:11.**

Sara tinha acreditado na fidelidade divina, apesar da idade avançada, foi-lhe dada a possibilidade de ter posteridade. Porque ela acreditou naquele que cumpre suas promessas e que nunca falha.

Rebecca concebeu seu primeiro filho em resposta às orações de Isaac:

Isaque implorou ao Senhor por sua mulher, porque ela era estéril, e o Senhor o ouviu: Rebeca, sua mulher, concebeu. **Gênesis 25:21.**

Isaque implorou ao Senhor por sua esposa, porque ela não podia ter filhos. O Senhor ouviu a oração de Isaque e Rebeca engravidou de gêmeos. Um homem deve, em determinado momento, orar para que sua esposa engravide, se ele realmente a ama.

As orações de Hannah por um filho foram respondidas:

O exemplo da serva de Deus Ana, que teve uma intensa vida de oração, acompanhada de muitos sacrifícios.

Orei por esta criança e o Senhor me concedeu o que pedi. 1 **Samuel 1:27.**

As crianças que pedem a Deus muitas vezes são pessoas que nascem com o destino condicionado de servir a Deus de uma forma ou de outra.

João Batista foi concebido como resultado das orações de Zacarias.

Como João Batista que veio ao mundo seguindo diversas orações de seu pai Zacharie.

Mas o anjo lhe disse: Não temas, Zacarias, porque a tua oração foi ouvida; e Isabel, tua mulher, te dará à luz um filho, e lhe porás o nome de João. E você terá alegria e alegria, e muitos se alegrarão com o seu nascimento. **Lucas 1:13-14.**

Deus ouviu a oração do seu servo Zacarias, mas com a condição de que este menino o servisse no seu destino como a voz de quem clama no deserto.

Deus abre o útero para os bebês:

Durante a gravidez, acredite em Deus para uma gravidez e parto saudáveis a termo.

Pois você formou meu interior; Você me cobriu no ventre de minha mãe. **Salmos 139:13.**

Deus conhece as nossas partes inferiores, mas especialmente a da mulher, porque ela tem uma promessa divina. Sem esta bênção, isso se tornará uma maldição.

Você me observou enquanto eu era formado em total solidão, enquanto eu era tecido na escuridão do útero. **Salmos 139:15.**

Deus nos formou na escuridão do ventre, que representa um lugar muito importante, onde Deus nos dá forma até o nascimento.

Antes de te formar no ventre de tua mãe, eu te conheci, e antes de você sair do ventre dela, eu te consagrei e te ordenei profeta para as nações. **Jeremias 1:5.**

Antes de estarmos no ventre de nossas mães, Deus nos conhecia e foi através disso que ele nos consagrou e nos estabeleceu!

Mas foi você quem me tirou do ventre da minha mãe. Você confiou em mim enquanto eu estava nos seios da minha mãe. Fui lançado em você desde o nascimento. Desde o ventre de minha mãe, você é meu Deus. **Salmos 22:9-10.**

Deus conhece muito bem o ventre materno, de onde viemos, por isso conhece; úteros estéreis e férteis. Cabe a nós despertar a memória para pleitearmos juntas a defesa de nós mesmas como mulheres.

Abriria o ventre materno, Para evitar o parto? diz o Senhor; Eu, que dou à luz, me impediria de dar à luz? diz o seu Deus. **Isaías 66:9.**

Que o Senhor Deus abra seu ventre, no poderoso nome de Jesus Cristo!

O que você precisa fazer para abrir a barriga dos bebês?

Entregue sua vida a Jesus Cristo.
Nasça de novo e não peque mais.
Confesse e arrependa-se dos seus pecados.
Esteja conectado a Ele através do fruto e dom do Espírito Santo.
Perdoe as pessoas e abrace a arte de amar os filhos.
Faça o bem aos outros.

Use sua boca para abençoar e elevar os outros.

Desfaça todos os problemas de maldição contra você.

Implore o Sangue de Jesus.

Peça a Deus para lhe mostrar a origem dos problemas com soluções.

Peça-lhe perdão e misericórdia.

Adote uma criança guiada pelo espírito.

Renuncie à sua aliança formal e aos seus pecados.

Prometa a Deus que você nunca pecará.

Abra-se com seu marido se a causa da infertilidade vier de você.

Se alguém está em Cristo, é uma nova criação. As coisas velhas já passaram; eis que todas as coisas se fizeram novas. **2 Coríntios 5:17.**

Uma nova criatura é uma natureza divina, as coisas velhas que passarão são as incapacidades físicas e espirituais criadas em nossa vida pelo mundo das trevas. Entre outras coisas, a esterilidade e a falta de fertilidade é uma obra puramente diabólica, se esta não for a vontade divina.

Instrução: Traga sua água fresca e frutas favoritas e faça as declarações. Junto com as frutas e a água, você pode usá-las para quebrar o jejum antes das seis da tarde. Todas as orações devem ser feitas dia e noite.

Pontos de oração:

Agradeço-lhe Senhor Jesus Cristo, pelo seu amor manifestado em nossa vida de casado, no poderoso nome de Jesus Cristo!

Agradeço a você, Jesus Cristo, por conectar a mim e a meu marido para a fecundidade, multiplicação e para reabastecer nosso lar, no poderoso nome de Jesus Cristo!

Senhor Jesus Cristo, abra meu ventre e deixe-me ser uma mãe alegre, no poderoso nome de Jesus Cristo!

Pai Celestial, no poderoso nome de Jesus Cristo, peço que você se mova pelo seu poder para o bem do meu casamento e coloque suas mãos frutíferas em minha barriga, no poderoso nome de Jesus Cristo!

Pai Celestial, em nome de Jesus Cristo, preciso conceber, nutrir, dar à luz e criar um lindo bebê em seu nome. Senhor, coloque as mãos na minha barriga e faça uma operação profunda, no poderoso nome de Jesus Cristo!

Pai Celestial, em nome de Jesus Cristo, preciso desesperadamente de filhos, responda-me rapidamente e deixe meu ventre ser aberto pelo comando de Ana, no poderoso nome de Jesus Cristo!

Pai Celestial, em nome de Jesus Cristo, estou cansada de sofrer abortos espontâneos a cada gravidez. Ó Deus, levante-se e destrua toda mão maligna que está matando meus bebês desde meu ventre, no poderoso nome de Jesus Cristo!

Pai Celestial, em nome de Jesus Cristo, declaro que este ano não passará mais de mim, devo conceber e dar à luz um menino e uma menina maravilhosos e saltitantes para a glória do seu nome, no poderoso nome de Jesus Cristo!

Ó Deus, venho diante de você neste momento, cumpra seus planos e promessas (Jeremias 29:11) em nosso casamento, no poderoso nome de Jesus Cristo!

Pai Celestial de Jesus Cristo, abençoe meu casamento com o fruto do ventre para que eu possa dar à luz meus bebês com minhas próprias mãos, no poderoso nome de Jesus Cristo!

Deus, permita-me conceber e dar à luz bebês para a glória do seu nome e para a vergonha dos meus zombadores, no poderoso nome de Jesus Cristo!

Pai Celestial, em nome de Jesus Cristo, se meu ventre foi fechado para crianças como resultado de meu aborto e do abuso de outras crianças, perdoe-me e tenha misericórdia dos erros do meu passado, ó Senhor, em nome poderoso de Jesus Cristo!

Pai Celestial em nome de Jesus Cristo, se meu ventre foi fechado por você, por causa dos meus pecados, você é meu criador, perdoe-me e tenha muita misericórdia de mim, no poderoso nome de Jesus Cristo!

Pai Celestial, em nome de Jesus Cristo, perdoe-me por fazer um aborto quando eu era adolescente e, assim, desobedecer à sua voz, no poderoso nome de Jesus Cristo!

Ó Deus, Pai Celestial em nome de Jesus Cristo, intervenha em meu casamento, familiares e amigos zombam e me desrespeitam, abra meu ventre para os bebês, no poderoso nome de Jesus Cristo!

Pai Celestial, em nome de Jesus Cristo, se minha falta de filhos é por causa de outro bebê com outro homem, perdoe-me e deixe meu ventre se abrir, no poderoso nome de Jesus Cristo!

Pai Celestial, em nome de Jesus Cristo, eu o decepcionei no passado. Perdoe-me e deixe-me abrir minha barriga hoje, no poderoso nome de Jesus Cristo!

Pai Celestial, em nome de Jesus Cristo, dê-nos o bebê que desejamos, um bebê saudável e completo que nos dê paz de espírito, no poderoso nome de Jesus Cristo!

Pai Celestial, em nome de Jesus Cristo, sua palavra me diz: no Salmo 127:3-5, que o fruto do ventre é a recompensa do nosso casamento, abençoe-nos com o fruto do ventre, no poderoso nome de Jesus Cristo!

Senhor Jesus Cristo, obrigado por tudo o que você fez e está fazendo pelo nosso casamento, no poderoso nome de Jesus Cristo!

Senhor Jesus Cristo, você sabe que meu coração deseja, por sua vontade, eu te imploro, nos abençoe com um filho, coloquei toda minha confiança em você e em tudo o que alguém disser, no poderoso nome de Jesus Cristo!

Pai Celestial em nome de Jesus Cristo, sei que a tua presença está neste ministério, use este exercício de jejum para proclamar o fruto do meu ventre e dos meus filhos no céu e na terra, no poderoso nome de Jesus Cristo!

Deus, dê-nos a chance de ter um filho e criar uma família para a glória do seu nome, no poderoso nome de Jesus Cristo!

Pai Celestial, no poderoso nome de Jesus Cristo, confiamos em você para ter um filho e não em poderes demoníacos, ajude-nos, ó Deus, e cumpra nosso voto conjugal, no poderoso nome de Jesus Cristo!

Deus, se algum de nós é a causa da nossa infertilidade, Pai Celestial em nome de Jesus Cristo, revele o que quer que seja e resolva a situação, no poderoso nome de Jesus Cristo!

Pai Celestial, em nome de Jesus Cristo, tem sido.........(Mencione os anos que passei esperando no Senhor, Deus também adora ouvir o quão ruim é) tentando conceber e ter filhos em meu casamento. Ó Senhor Eterno, não desvie seus ouvidos de nossas orações hoje, mas ouça-nos, no poderoso nome de Jesus Cristo!

Pai Celestial em nome de Jesus Cristo, as pessoas dizem que sou uma mulher fecunda, ó Senhor, confirme estas palavras em meu casamento, no poderoso nome de Jesus Cristo!

A videira frutífera, sei que você me prometeu através da voz profética, que terei um filho ou gêmeos, só quero que saiba que ainda estou aguardando a manifestação desta profecia em meu casamento, em nome poderoso de Jesus Cristo!

Pai Celestial em nome de Jesus Cristo, atenda minhas orações, me desespero em conceber e clamo por uma mãe feliz, no poderoso nome de Jesus Cristo!

Pai Celestial, em nome de Jesus Cristo, se o seu plano é adotarmos uma criança, antes que nossos próprios filhos fiquem doentes, conceda-nos a graça e a força para fazê-lo, no poderoso nome de Jesus Cristo!

Senhor Jesus Cristo, ouça minha oração, ajude-me a ser paciente enquanto você trabalha, ó Senhor. Não me sinto completa sem um bebê. Por favor, substitua esta dor vazia dentro de mim, no poderoso nome de Jesus Cristo!

Em Gênesis 29:31, você abriu o ventre de Lia, abra meu ventre hoje, no poderoso nome de Jesus Cristo!

Pai Celestial em nome de Jesus Cristo, toque novamente meu ventre e aqueles que pensam que é impossível eu ter um filho, possam ver a obra de sua mão, no poderoso nome de Jesus Cristo!

Pai Celestial, em nome de Jesus Cristo, fortaleça-nos para confiarmos em você, até o fim, no poderoso nome de Jesus Cristo!

Pai Celestial em nome de Jesus Cristo, quero testar a alegria de ser mãe, abrir meu ventre para a vergonha dos meus inimigos, no poderoso nome de Jesus Cristo!

Pai Celestial, em nome de Jesus Cristo, se a nossa infertilidade é devida a doenças ou enfermidades estranhas - HIV ou doenças infecciosas, ó Deus, apague-o completamente de nossos órgãos, em nome de Jesus Cristo!

Pai Celestial, em nome de Jesus Cristo, batemos à sua porta para uma resposta rápida aos nossos pedidos de oração, no poderoso nome de Jesus Cristo! Demonstre agora.

Pai Celestial, em nome de Jesus Cristo, confiamos em você que nos restaurou, no poderoso nome de Jesus Cristo!

Pai Celestial, em nome de Jesus Cristo, os filhos são o presente de Deus e a alegria do casamento, Jesus Cristo, o grande restaurador, conceda-me um filho, no poderoso nome de Jesus Cristo!

Pai Celestial, em nome de Jesus Cristo, abençoe-nos com um teste de gravidez positivo por sua misericórdia e amor, no poderoso nome de Jesus Cristo!

Orações para abrir minha verdade aos bebês:

Todo poder que opera meu feto para problemas de gravidez, receba a flecha da morte, no poderoso nome de Jesus Cristo!

Todo sogro perverso que declara falsas orações contra meu casamento se volta contra ele, no poderoso nome de Jesus Cristo!

Quem quer que me deseje mal em meu casamento, ó Deus, que sua vida seja despedaçada, no poderoso nome de Jesus Cristo!

Todo espírito canino em meu casamento que causa problemas conjugais pega fogo, no poderoso nome de Jesus Cristo!

Deus, abra meu ventre e santifique a mim e a meus próprios filhos, no poderoso nome de Jesus Cristo!

Eu me liberto da maldição de uma mulher estéril, no poderoso nome de Jesus Cristo!

Eu desprogramo e cancelo todas as palavras negativas ditas contra mim, no poderoso nome de Jesus Cristo!

Toda gangue de pessoas contra o meu fruto do ventre, espalhado pelo fogo, no poderoso nome de Jesus Cristo!

Todo sonho de não ter filhos seja convertido em uma bênção, no poderoso nome de Jesus Cristo!

Todo poder que bloqueou minha barriga seja por comida ruim, seja aberto pelo fogo, no poderoso nome de Jesus Cristo!

Que o fogo do Espírito Santo persiga todos os inimigos da minha fertilidade, no poderoso nome de Jesus Cristo!

Estranhos na minha família dizem não ao meu filho, ficam expostos e enlouquecem, no poderoso nome de Jesus Cristo!

Não permanecerei casado em vão, no poderoso nome de Jesus Cristo!

Que todas as plantas perversas do meu corpo sejam arrancadas, no poderoso nome de Jesus Cristo!

Recupero todos os meus filhos roubados pelo marido noturno, pelo fogo do Espírito Santo, no poderoso nome de Jesus Cristo!

Que a fonte da minha fertilidade seja aberta, pelo fogo do Espírito Santo, no poderoso nome de Jesus Cristo!

Não vou desistir porque sei que minha história conjugal mudará para sempre, no poderoso nome de Jesus Cristo!

Todo animal demoníaco que bloquear meu estômago seja queimado pelo fogo consumidor do Espírito Santo, no poderoso nome de Jesus Cristo!

As pessoas virão comemorar cada nascimento dos meus bebês, em nome de Jesus Cristo!

Recuso-me a aceitar o problema das crianças como um presente do diabo, no poderoso nome de Jesus Cristo!

Todo problema de gravidez que causei em minha família seja quebrado pelo fogo consumidor do Espírito Santo, no poderoso nome de Jesus Cristo!

Que o fogo do Espírito Santo restaure meu ventre contra todos os poderes demoníacos do aborto, no poderoso nome de Jesus Cristo!

Que os poderes ancestrais de ambos os meus pais que apoiam a infertilidade e os problemas de parto em minha vida sejam nulos e sem efeito, no poderoso nome de Jesus Cristo!

Que todo altar maligno do aborto das minhas gestações seja destruído pelo fogo consumidor do

Espírito Santo, no poderoso nome de Jesus Cristo!

Que a maldição do aborto seja cancelada em meu ventre, no poderoso nome de Jesus Cristo!

Todo poder ou personalidade maligna que jurou que meu bebê ainda não nascido não mamaria em meu peito será destruído, derrubado, no poderoso nome de Jesus Cristo!

Todo depósito maligno de todos os meus relacionamentos ímpios antes do meu casamento, prejudicando minha fertilidade, seja eliminado, no poderoso nome de Jesus Cristo!

Todas as formas de ladrões de gravidez não verão mais minha gravidez, no poderoso nome de Jesus Cristo!

O sangue de Jesus Cristo, satura meu ventre para proteger meus bebês, no poderoso nome de Jesus Cristo!

Que todo sacrifício de gravidez seja cancelado, no poderoso nome de Jesus Cristo!

Obrigado pelas orações respondidas, orações de confissão para abrir meu ventre, no poderoso nome de Jesus Cristo!

Foi pela fé que a própria Sara, apesar da idade avançada, foi habilitada a ter posteridade, porque acreditou na fidelidade daquele que fez a promessa. Portanto, de um homem, já desgastado no corpo, nasceu uma posteridade tão numerosa quanto as estrelas do céu, como a areia que está à beira-mar e que não pode ser contada. **Hebreus 11:11-12.**

Procurando orações de confissão para abrir a barriga, você está na página certa. Pois compartilharemos com você trinta orações confessionais para abrir sua barriga, no poderoso nome de Jesus Cristo!

Você está esperando em Deus pelo fruto do ventre há muitos anos e parece que seu ventre foi fechado?

Perto está o Senhor de todos os que o invocam, de todos os que o invocam com sinceridade. **Salmo 145:18.**

Deus está próximo de todos aqueles que estão em perigo e que o invocam. Ele está perto deles para responder às suas orações. Se orassem com sinceridade de coração, ou seja, com fé em Jesus

Cristo o nome de Deus para salvação de todo aquele que crê.

Portanto, se você O invocar por meio dessas orações de declaração profética para abrir o ventre, o Senhor se mostrará para você e abrirá rapidamente o seu ventre, no poderoso nome de Jesus Cristo!

Na verdade, o período de espera das mães é um momento bastante difícil, é um momento em que a sua fé é testada e estabelecida.

Para que a prova da vossa fé, que é mais preciosa do que o ouro perecível (que, no entanto, é provado pelo fogo), resulte em louvor, glória e honra, quando Jesus Cristo aparecer. **1 Pedro 1:7.**

Contudo, é melhor resistir a qualquer tentação de se preocupar, temer ou duvidar de Deus, de se apegar às promessas de Deus, de confiar que Ele fará acontecer tudo o que Ele lhe prometeu em Sua Palavra.

Este também não é um momento em que você deva tentar alternativas ou seguir maus conselhos.

Bem-aventurado o homem que não anda segundo o conselho dos ímpios, nem se detém no caminho dos pecadores, nem se assenta na companhia dos escarnecedores, mas se deleita na lei do SENHOR., E que nela medita dia e noite! Ele é como uma árvore plantada junto a um riacho, que dá frutos na estação própria e cuja folhagem não murcha: tudo o que ele faz é bem-sucedido. O mesmo não acontece com os ímpios: eles são como a palha que o vento espalha. Portanto, os ímpios não poderão subsistir no dia do juízo, nem os pecadores na congregação dos justos; Porque o Senhor conhece o caminho dos justos, e o caminho dos pecadores leva à ruína. **Salmo 1:1-6.**

Mas seu prazer deve estar em Deus e meditar em sua palavra dia e noite, para que ele possa encher seu coração com a paz dele. Enquanto você espera por ele pacientemente, ele certamente fará tudo o que prometeu de acordo com sua palavra.

Enquanto isso, você deve saber que quanto mais levará tempo, mais será porque as escrituras nos ajudam a entender que, em vez de toda a vergonha que você enfrentou, você tem direito a uma porção dupla e porque você chorou , você certamente ficará encantado.

E não deixe libertar -se, até que ele tenha recicado Jerusalém. E a renderização gloriosa na terra. **Isaías 62: 7.**

Para que você não duvide das promessas dele, ele também disse em Isaías 55:11, que cada palavra que ele declarou por ele nunca retornará a ele com a realização da tarefa que ele o enviou para concluir, então você vê, que o Senhor que fez promessas a você também garantiu que ele os manteria.

Portanto, solte suas preocupações e medos, você não perderá seu casamento, independentemente da sua idade ou status familiar, sua barriga certamente abrirá e acreditamos firmemente nisso; Quando você coloca essas quarenta orações de confissão em práticas para abrir a barriga, o Senhor se levantará em seu nome e fará grandes coisas em sua vida, no poderoso nome de Jesus Cristo!

Orações de confissão para abrir o útero:

Pai celestial em nome de Jesus Cristo, agradeço sua misericórdia e sua graça sobre minha vida, no poderoso nome de Jesus Cristo!

Obrigado Jesus Cristo, pelo sopro da vida que você me deu, toda a glória a você, Senhor, no poderoso nome de Jesus Cristo!

Senhor Jesus Cristo, agradeço porque minha existência na Terra não deixa de ter seu conhecimento, assim como minha situação atual, abençoada ser seu Pai Celestial, no poderoso nome de Jesus Cristo!

Agradeço a você Senhor Jesus Cristo, pois você tem grandes projetos para mim e minha família, toda a glória pertence a você Senhor Jesus Cristo, no poderoso nome de Jesus Cristo!

Senhor Jesus Cristo, agradeço por tudo o que você já começou em minha vida e por tudo o que você ainda precisa fazer, eu faço de todos a glória Pai, no poderoso nome de Jesus Cristo!

Senhor Jesus Cristo, peço sua misericórdia de todas as maneiras, pecinei e fiquei aquém da sua glória, por favor, me perdoe, no poderoso nome de Jesus Cristo!

Pai celestial, peço que me perdoe por todos os meus pecados passados e mostre -me sua grande misericórdia no poderoso nome de Jesus Cristo!

Senhor Jesus Cristo de todas as maneiras, atrai sua raiva com minhas ações passadas ou presentes, por favor, perdoe -me, no poderoso nome de Jesus Cristo!

Ajude -me a Senhor Jesus Cristo, a superar cada estilo de vida prejudicial que me impedia de dar frutos, no nome poderoso nome poderoso de Jesus Cristo!

Pai celestial, ajude -me a estar totalmente sujeito à sua vontade, para que eu possa me alegrar em você toda a minha vida, em nome de Jesus Cristo!

Senhor Jesus Cristo, eu imploro; Abra minha barriga em sua misericórdia, no poderoso nome de Jesus Cristo!

Pai celestial por sua graça, eu imploro, que qualquer obstáculo contra minhas sementes divinas agora seja excluído por sua misericórdia, no poderoso nome de Jesus Cristo!

Oh Senhor Jesus Cristo, peço que você faça suas maravilhas em minha vida e família, no poderoso nome de Jesus Cristo!

Ajude -nos a Senhor Jesus Cristo, regozije -nos nesta temporada, abençoando -nos com nossos próprios frutos do útero, no poderoso nome de Jesus Cristo!

Cada maldição e aliança maligna que age contra minha procriação, ordeno que eles expirem agora, no poderoso nome de Jesus Cristo!

Cada juramento que eu contratei, no passado, com ou sem meu consentimento, ordenei que eles sejam quebrados agora pelo fogo devorador do Espírito Santo, no poderoso nome de Jesus Cristo!

Cada arranjo satânico contra meu destino, ordeno que eles expirem devorando fogo, no poderoso nome de Jesus Cristo!

Decreto que, nesta temporada, meus zombadores serão muito reduzidos a silêncio pelas maravilhas de Deus em minha vida, no poderoso nome de Jesus Cristo!

Todos aqueles que juram que eu não ficaria feliz em meu casamento, ordenei que eles tenham vergonha do poderoso nome de Jesus Cristo!

Cada mulher estranha tentando tomar meu lugar pela manipulação demoníaca, ordenei que ela perdesse o seguol sobre meu marido, no poderoso nome de Jesus Cristo!

Por seu poderoso Senhor para o Jesus Cristo, abre minha barriga nesta temporada, no poderoso nome de Jesus Cristo!

O Deus muito alto me abençoe, com uma porção dupla de acordo com sua palavra, no poderoso nome de Jesus Cristo!

Senhor Jesus Cristo, enquanto eu estudo sua palavra dia e noite, por favor, deixe meu coração encher sua paz esmagadora, no poderoso nome de Jesus Cristo!

Senhor Jesus Cristo, que agora existe uma grande alegria e paz em meu casamento, no poderoso nome de Jesus Cristo!

Pai celestial, que meu casamento seja cheio de seu amor, sua graça, seu favor e sua força divina para esperar, no poderoso nome de Jesus Cristo!

Recebo um fluxo de alegria que sempre flui em meu coração nesta temporada, no poderoso nome de nosso Senhor Jesus Cristo!

Rejeito depressão e frustração, ficarei emocionalmente estável enquanto espero por Deus em nome de Jesus Cristo!

Recebo uma renovação diária para ser firme nos caminhos de Deus e em Sua vontade, em nome poderoso de Jesus Cristo!

Eu ordeno uma alegria total em minha família, tanto nucleares quanto estendidas, no poderoso nome de Jesus Cristo!

Cada ameaça satânica contra meu casal, ordeno que eles cedam agora, no poderoso nome de Jesus Cristo!

Decreto e declaro que meu casamento resistirá ao teste de tempo presente e futuro, no não poder de Jesus Cristo!

Entro na minha estação de alegria, sem fim porque minha esperança é construída sobre Jesus Cristo, a rocha sólida, não terei vergonha, no poderoso nome de Jesus Cristo!

Minhas expectativas não permanecerão insatisfeitas, elas certamente se tornarão realidade no poderoso nome de Jesus Cristo!

Certamente testemunharei daqui a alguns meses, em nome poderoso de Jesus Cristo!

Minha vergonha e minha dor terminam, eu ando em amor, paz e esperança porque minha barriga foi aberta, no poderoso nome de Jesus Cristo!

É importante meditar diariamente nas seguintes entradas; Enquanto você está esperando as maravilhas de Deus.

Ao chefe dos cantores. Salmo de Davi. Que o Senhor te expresse no dia da angústia, que o nome do Deus de Jacó o proteja! O que do santuário ele envia a você da ajuda, que de Sion ele o apóia! Lembre -se de todas as suas ofertas, e ele será aprovado pelos seus holocaustos! Quebrar. **Salmo 20: 1-4.**

Os Salmos chamam o Divino Rescuer, lembrando -o de seu amor por ele.

Além disso, até glorificamos as aflições, sabendo que a aflição produz perseverança, vitória de persistência no evento e essa vitória. Agora, a esperança não engana, porque o amor de Deus é generalizado em nossos corações pelo Espírito Santo, que nos foi dado. **Romanos 5: 3-5.**

Neste versículo, há o que você deve lembrar como experiência em sua vida de oração, é: aflição, perseverança, vitória na provação, a esperança que não engana, amor de Deus.

Ele dá uma casa àquele que era estéril, ele fez dele uma mãe alegre no meio de seus filhos. Alugue o Senhor! **Salmo 113: 9.**

É uma oração ao mesmo tempo uma promessa divina, ela desempenha dois papéis importantes na vida de uma mulher. Ele faz dele uma mãe alegre por nossas orações e sua promessa em nossa vida.

E Deus os abençoa, e Deus disse -lhes: seja frutífero, multiplique e encha a terra e envie -a; E dominar o peixe do mar, e nos pássaros do céu, e em qualquer ser vivo que se mova na terra. **Gênesis 1:28.**

Essa palavra de escrita é uma promessa em nossa vida, ao mesmo tempo um assunto de oração por nossa vida em geral. Porque nela, Deus expressa nosso futuro e uma dependência total do homem neste verso bíblico.

Aqui, os filhos são um legado do Senhor, o fruto das entranhas é uma recompensa. **Salmo 127: 3.**

Devemos confessar todos os dias a vida de nossos filhos antes do nascimento, assim como depois. Porque a vida é uma concepção divina e uma confissão de fé em Jesus Cristo. O que confessamos sobre a vida de nossos filhos sempre acabará se realizando de uma maneira ou de outra.

Oração pelos frutos de nossas entranhas com versos bíblicos em apoio:

Nesse assunto de oração, somos chamados a orar pelos frutos das entranhas, com versos bíblicos. A escrita nos encoraja a orar constantemente, cuidado e orar, fazer pela mente todos os tipos de orações e súplica até que nossa alegria esteja completa ...

O desejo de cada mulher é conceber e ter seus próprios filhos após a cerimônia de casamento, o plano de Deus para nós é ser frutífero e se multiplicar de acordo com a nossa escrita da âncora de oração.

Deus não é um homem para mentir. O fruto do útero é a alegria de cada casal, ter filhos traz alegria e beleza a cada família. A ansiedade se acalma, quando o casal não concebe após alguns anos de casamento, e é por isso que temos que orar.

Se você pedir algo em meu nome, eu o farei. **João 14:14.**

Nosso Senhor Jesus Cristo nos prescreveu para perguntar qualquer coisa em seu nome, isso nos será concedido.

Portanto, quem deseja conceber uma criança ou filhos não deve hesitar em perguntar em nome de Jesus Cristo. A escrita também nos pede a não nos preocuparmos com nada, mas em oração e súplicas, devemos fazer nosso pedido a Deus conhecido.

No entanto, a fé sem ação correspondente está morta. Se você quer o fruto do útero, há etapas a seguir, é uma questão de:

Abandone -se completamente a Jesus Cristo:

Devemos abandonar nossa totalidade a Deus e eliminar qualquer forma de pecado. Livre -se da amargura, raiva, conflitos ou qualquer atitude ruim em relação ao seu cônjuge, família, amigos e até Deus. Porque qualquer forma de raiva ou vida ímpia não fará com que sua oração tenha sido concedida. Você tem que viver uma vida santa e piedosa e também estudar as palavras de Deus todos os dias para guiá -lo.

A fé é total confiança e confiança total, pois somente Deus pode fazer. A Bíblia diz em

Hebreus 11: 1: Agora a fé é uma firme garantia de coisas que esperamos, uma prova daqueles que não vemos. Você deve chegar a um ponto em sua vida em que sua total confiança está em Deus, que Ele é capaz de realizar o que prometeu a você.

Medidas devem ser tomadas. O marido e a esposa devem se encontrar, você pode tomar multivitaminado reprodutivo, que deve ser prescrito pelo médico. Alimente -se bem e faça alguns exercícios. Seja feliz e menos preocupado, a verdade é que a preocupação não resolve nada, apenas acrescenta tristeza ao seu coração, o que, por sua vez, afeta seu nível de produtividade.

A oração não pode ser superestimada, porque representa uma arma espiritual para qualquer cristão consciente. Algumas batalhas devem ser vencidas no reino das mentes antes de agir. Portanto, compilamos trinta e cinco pontos das orações, com passagens bíblicas que você pode orar pelo fruto do útero, elas estão listadas abaixo, é uma questão de:

Oração com versos bíblicos para o fruto dos intestinos:

Oh Senhor, meu Pai, honra sua palavra em minha vida e me abençoe com os frutos do útero, no poderoso nome de Jesus Cristo!

Porque eu respeitarei você, farei você crescer, vou multiplicar e estabelecerei minha aliança com você. Levítico 26: 9.

Recebo o poder de ser frutífero este ano, no poderoso nome de Jesus Cristo!

Sua esposa é como uma vinha frutífera. Dentro de sua casa; Seus filhos são como plantas Olivier, ao redor da mesa. **Salmo 128: 3.**

O fruto das entranhas é um bom presente de Deus; Portanto, eu chamo isso de minha realidade, no poderoso nome de Jesus Cristo!

Qualquer bom presente e qualquer presente perfeito vem de cima e desce do pai da iluminação, na qual não há variação ou sombra de mudança. **João 1:17.**

Decreto, em nome de Jesus Cristo, que carregarei meu bebê até o fim e o entregarei com segurança, no poderoso nome de Jesus Cristo!

Eu sei que tudo o que Deus fizer será para sempre; nada pode ser acrescentado a ele, nem nada pode ser retirado dele; e Deus faz isso, para que os homens temam diante dele. **Eclesiastes 3:14.**

O fruto do ventre é minha porção, no poderoso nome de Jesus Cristo!

Posso todas as coisas através de Cristo que me fortaleceu. **Filipenses 4:13.**

Repreendo o espírito de medo e ansiedade que está me impedindo de conceber em nome de Jesus.

Quando estou com medo, coloco minha confiança em você. **Salmo 56:3.**

Recuso-me a ser chamado de estéril, pelo contrário sou fecundo, no poderoso nome de Jesus Cristo!

Não haverá nada na tua terra que rejeite os seus filhos, nem seja estéril; Cumprirei o número dos seus dias. **Êxodo 23:26.**

Toda voz maligna contra a minha concepção morre pelo fogo consumidor do Espírito Santo, no poderoso nome de Jesus Cristo!

Ele não terá medo de más notícias: seu coração está firme, confiante no Senhor. **Salmo 112:7.**

Recebo a recompensa da fecundidade e deixo de lado a fraqueza do meu corpo, no poderoso nome de Jesus Cristo!

Portanto, seja forte e não deixe suas mãos fracas, pois seu trabalho será recompensado. **2 Crônicas 15:7.**

Porque estou identificado com Cristo, sou abençoado com os frutos do ventre, no poderoso nome de Jesus Cristo!

Eles não trabalharão em vão, nem causarão problemas; porque eles são a semente dos benditos do Senhor, e a sua semente com eles. **Isaías 65:23.**

Recebo poder para permanecer forte e paciente, no poderoso nome de Jesus Cristo!

Ele dá poder aos fracos; e para quem não tem forças, ele aumenta a força. **Isaías 40:29.**

Pelo poder do sangue de Jesus Cristo, testemunharei sobre os frutos do ventre, no poderoso nome de Jesus Cristo!

Por esta criança eu orei; e o Senhor me atendeu o pedido que lhe fiz: **1 Samuel 1:27.**

Declaro em nome de Jesus que Sua graça é suficiente para que eu aperfeiçoe tudo o que me diz respeito, no poderoso nome de Jesus Cristo!

E ele me disse: A minha graça te basta, porque o meu poder se aperfeiçoa na fraqueza. Portanto, de bom grado me gloriarei em minhas enfermidades, para que o poder de Cristo repouse sobre mim. **2 Coríntios 12:9.**

A ajuda que preciso para ser frutífero recai sobre mim porque o Senhor é meu ajudador, no poderoso nome de Jesus Cristo!

Elevo os meus olhos para os montes, de onde vem o meu socorro. **Salmo 121:1.**

Serei salva tendo filhos, nada faltará, nada será quebrado, no poderoso nome de Jesus Cristo!

Contudo, ela será salva na procriação, se perseverarem na fé, na caridade e na santidade com sobriedade. **1 Timóteo 2:15.**

O plano divino para minha vida, no que diz respeito aos frutos do ventre, é meu, no poderoso nome de Jesus Cristo!

Antes de te formar no ventre, eu te conheci; e antes de você sair do ventre de minha mãe, eu te santifiquei e te ordenei profeta para as nações. **Jeremias 1:5.**

Não importa quanto tempo esperei pelos frutos do ventre; Eu me alegrarei no Senhor minha salvação, no poderoso nome de Jesus Cristo!

Contudo, me alegrarei no Senhor, me alegrarei no Deus da minha salvação. **Habacuque 3:18.**

Recebo força divina e supero a demora em relação aos frutos do ventre, no poderoso nome de Jesus Cristo!

O Senhor é a minha força e o meu cântico, e ele se tornou a minha salvação; ele é o meu Deus, e eu o prepararei para habitação; o Deus de meu pai, e eu o exaltarei. **Êxodo 15:2.**

Glória a Jesus Cristo, porque sei que não terei vergonha da concepção, no poderoso nome de Jesus Cristo!

Na minha angústia invoquei o Senhor e clamei ao meu Deus; ele ouviu a minha voz desde o seu templo, e o meu clamor chegou diante dele até aos seus ouvidos. **Salmo 18:6.**

Recuso-me a ficar perturbado em meu espírito, recebo a paz divina, no poderoso nome de Jesus Cristo!

Deixo-vos a paz, dou-vos a minha paz: não vos dou como o mundo a dá. Não se perturbe o seu coração, nem tenha medo. **João 14:27.**

Todo poder maligno que diz não aos frutos do ventre dados por Deus sobre minha vida, seja silenciado pelo fogo consumidor do Espírito Santo, no poderoso nome de Jesus Cristo!

Então, o que diremos sobre essas coisas? Se Deus é por nós, quem será contra nós? **Romanos 8:31.**

Porque me regozijo no Senhor, serei frutífero, no poderoso nome de Jesus Cristo!

Deleite-se também no Senhor, e ele lhe concederá os desejos do seu coração. **Salmo 37:4.**

Toda pronúncia errada do inimigo sobre minha vida em relação aos frutos do ventre, morra no fogo, no poderoso nome de Jesus Cristo!

Quem é aquele que diz, e isso acontece, quando o Senhor não o recomendou? **Lamentações 3:37.**

Porque os filhos são herança do Senhor, recebo meu testemunho dos frutos do ventre, no poderoso nome de Jesus Cristo!

Eis que os filhos são uma herança da parte do Senhor, e o fruto do ventre é o seu galardão. **Salmo 127:3.**

Toda montanha que me impede de conceber seja nivelada, no poderoso nome de Jesus Cristo!

Quem é você, grande montanha? Diante de Zorobabel você se tornará uma planície; e ele trará a lápide, chorando, chorando: Graça, graça para ela. **Zacarias 4:7.**

Não perderei meu momento de concepção, no poderoso nome de Jesus Cristo!

Porque a visão ainda está para um tempo determinado, mas no final ela falará e não mentirá: ainda que demore, espere; pois ele certamente virá, não tardará. **Habacuque 2:3.**

Recebo de você uma paz que excede todo o entendimento porque confio em você, no poderoso nome de Jesus Cristo!

Você manterá em perfeita paz aquele cuja mente está firme em você, porque ele confia em você. **Isaías 26:3.**

Recebo força e honra no Senhor Jesus Cristo, porque me alegrarei no tempo favorável, no poderoso nome de Jesus Cristo!

Força e honra são as suas vestes; e ela se alegrará no futuro. **Provérbios 31:25.**

Todo fator de impossibilidade dos médicos, em relação à minha procriação, ser revertido pelo sangue de Jesus, no poderoso nome de Jesus Cristo!

Porque com Deus nada é impossível. Lucas 1:37.

Oh Senhor Jesus Cristo, lembre-se de mim hoje como você se lembrou de Hannah, no poderoso nome de Jesus Cristo!

E o Senhor visitou Ana, e ela concebeu e deu à luz três filhos e duas filhas. E o menino Samuel cresceu diante do Senhor. **1 Samuel 2:21.**

Meu pai, restaure todos os anos que perdi e enxugue minhas lágrimas, no poderoso nome de Jesus Cristo!

E restituir-vos-ei os anos que o gafanhoto devorou, o Jelech, a lagarta e a palmeira, o meu grande exército que enviei entre vós. **Joel 2:25.**

Que todos os meus escarnecedores sejam envergonhados, no poderoso nome de Jesus Cristo!

Porque o terrível é envergonhado, e o escarnecedor é consumido, e todos os que vigiam a iniqüidade são exterminados: **Isaías 29:20.**

Recebo a graça de cumprir suas palavras enquanto espero por você. Ó Senhor, no poderoso nome de Jesus Cristo!

Mas cumpram a palavra e não apenas ouçam, enganando-se. **Tiago 1:22.**

Enquanto o Senhor viver, não serei abandonado em relação à procriação, no poderoso nome de Jesus Cristo!

Eu era jovem e agora sou velho; contudo, não vi desamparado o justo, nem a sua descendência mendigando o pão. **Salmo 37:25.**

Meu tempo de alegria não passará despercebido, no poderoso nome de Jesus Cristo!

Há um tempo para tudo e um tempo para tudo debaixo do céu. **Eclesiastes 3:1.**

Mais trinta orações agressivas pelo fruto do ventre:

A oração é um exercício espiritual e uma vida diária para um cristão consciente, um filho de Deus que acredita na ressurreição e na vida de nosso Senhor e Salvador Jesus Cristo! Todos os homens de Deus de grande renome na Bíblia não perderam esta vida de consagração espiritual.

Quem quiser viver esta vida deve disciplinar-se num exercício espiritual de fé em Jesus Cristo. Por sermos imitadores de Jesus Cristo, através do novo nascimento, é possível que possamos levar a vida que Cristo teve na terra, de meditação e oração sem cessar.

Se o Senhor não edificar a casa, em vão trabalham os que a constroem; a menos que o Senhor guarde a cidade, o vigia vigia, mas em vão. É em vão que você se levanta cedo, que se deita tarde, que come o pão da dor: pois assim ele dá sono ao seu amado. Eis que os filhos são uma herança da parte do Senhor, e o fruto do ventre é o seu galardão. **Salmos 127:1-3.**

Quando Deus criou Adão e Eva ele já os havia abençoado e ordenado que fossem frutíferos, esta fecundidade abrange o frutífero completo incluindo o fruto do ventre, por isso era obrigatório que tanto o homem quanto a mulher sob a aliança do casamento não lutassem para ter filhos , porque Deus já havia colocado sobre eles a capacidade e habilidade para produzir de acordo com sua espécie.

É por isso que o salmista disse: "Os filhos são uma herança do Senhor". Tudo o que é herança e aquilo pelo qual você nunca trabalha porque já foi guardado para você, isso nos leva a entender que Deus já havia dado o ventre aos pálidos como lar temporário para os bebês dentro de nove meses, antes que eles pudessem entrar no reino terreno.

Mas, por mais que através da manipulação maligna e da maldade espiritual, a maioria das pessoas tenha lutado sem produzir o fruto do útero, é um ato deliberado se o diabo traz vergonha e zombaria sobre o casal, porque a maioria das pessoas dentro e fora da família espera ver o choro de um bebê na casa de um casal recém-casado ou de velhos recém-casados.

Foi nesta situação que Deus introduziu o caminho das orações, que é um meio pelo qual o homem pode partilhar o seu fardo com o Senhor, seu criador, e Deus, em troca, faz chover sombras de bênçãos sobre eles.

Antes de entrar em trabalho de parto, ela deu à luz; antes que sua dor chegasse, ela deu à luz um filho do sexo masculino. Quem ouviu tal coisa? Quem já viu essas coisas? A terra será feita para produzir em um único dia? Ou uma nação nascerá imediatamente? Pois assim que Sião começou a dar à luz, ela deu à luz seus filhos. Devo dar à luz e não dar à luz? diz o Senhor: darei à luz e fecharei a madre? diz o seu **Deus. Isaías 66:7-9.**

O projeto de Deus para o homem é sempre o da paz, uma paz que ultrapassa a compreensão humana, mesmo no âmbito da procriação. Sempre há um tempo de trabalho e também um tempo de tristeza, mas no meio dele está a vitória, a vitória através do som do fruto do ventre. Deus ainda mantém Sua palavra de que não importa o que enfrentemos, no final do dia Sua glória prevalecerá.

Mais uma série de orações agressivas pelo fruto do ventre:

Eu destruo convênios malignos que impedem fisicamente a manifestação de meus filhos, no poderoso nome de Jesus Cristo!

Lavo e santifico minha barriga com o precioso sangue de Jesus Cristo, no poderoso nome de Jesus Cristo!

Eu me limpo da contaminação maligna que impede minha procriação, no poderoso nome de Jesus Cristo!

Eu leio cada espírito que suga meu feto, no poderoso nome de Jesus Cristo!

Eu me retiro da jaula da infertilidade, no poderoso nome de Jesus Cristo!

Quebro a maldição da esterilidade em minha vida, no poderoso nome de Jesus Cristo!

Declaro que minha gravidez nunca será desperdiçada, no poderoso nome de Jesus Cristo!

Eu destruo todas as criaturas malignas que ocupam o lugar do meu bebê em meu ventre, no poderoso nome de Jesus Cristo!

Eu reverto toda contaminação do meu sistema reprodutivo, no poderoso nome de Jesus Cristo!

Silenciei todas as vozes malignas contra minha fertilidade conjugal em minha vida, no poderoso nome de Jesus Cristo!

Retiro toda a minha fertilidade conjugal que me foi roubada pelo diabo, no poderoso nome de Jesus Cristo!

Eu quebro o poder do espírito noturno de marido e mulher em minha vida, no poderoso nome de Jesus Cristo!

Destruo os poderes do mal usando meu esperma para combater minha fertilidade conjugal, no poderoso nome de Jesus Cristo!

Rogo por Misericórdia por cada erro passado que me impede de ser frutífero, no poderoso nome de Jesus Cristo!

Venho contra todos os maus médicos e parteiras que evacuam o fruto do meu ventre, no poderoso nome de Jesus Cristo!

Ponho fim a toda doença hereditária que decompõe minha fertilidade, seja destruída, no poderoso nome de Jesus Cristo!

Coloquei fim a todo espírito de desamparo designado para me seguir, no poderoso nome de Jesus Cristo!

Eu me afasto de todos os demônios anti-gravidez que me seguem, no poderoso nome de Jesus Cristo!

Eu desativo todos os venenos que matam meus filhos no reino espiritual, no poderoso nome de Jesus Cristo!

Eu retorno sete vezes ao remetente, cada poder fazendo com que meu sistema experimente falha na ovulação, no poderoso nome de Jesus Cristo!

Restauro cada um dos meus órgãos ao seu estado normal, no poderoso nome de Jesus Cristo!

Eu liberto meu nome da lista espiritual da esterilidade, no poderoso nome de Jesus Cristo!

Cortei toda mão maligna que rasga minha barriga, no poderoso nome de Jesus Cristo!

Acabei com todo aquecedor maligno, aquecendo minha barriga para que não seja favorável aos meus filhos, no poderoso nome de Jesus Cristo!

Paro todas as operações que fazem com que meu sistema não funcione corretamente, no poderoso nome de Jesus Cristo! Eu quebro todas as velhas correntes que prendem minha barriga, no poderoso nome de Jesus Cristo!

Quebro todos os feitiços ancestrais que foram lançados sobre meus filhos ainda não nascidos, no poderoso nome de Jesus Cristo!

Eu destruo todos os feitiços que desviam bebês do meu ventre para o mundo das trevas, no poderoso nome de Jesus Cristo!

Eu revivo de cada reação medicamentosa que prejudica minha produtividade e fertilidade, no poderoso nome de Jesus Cristo!

Quebro em pedaços todos os espelhos que vigiam minha barriga em busca do mal, no poderoso nome de Jesus Cristo!

Retiro meu nome da lista de pessoas improdutivas e estéreis, no poderoso nome de Jesus Cristo!

Quarenta versículos bíblicos sobre o fruto do ventre

O período de espera quando um casal confia em Deus pelo fruto do ventre pode ser muito difícil, especialmente se eles estão esperando há muitos anos. Contudo, a palavra de Deus é uma fonte segura de conforto e encorajamento em que todos podem confiar.

Toda a Escritura é inspirada por Deus e útil para o ensino, para a repreensão, para a correção, para a educação na justiça. **2Timóteo 3:16.**

A Escritura se torna a palavra de Deus quando é inspirada por Deus. Esta inspiração divina é a base da nossa fé na palavra de Deus, o que nos motiva a confiar na palavra que representa o próprio Deus.

Você está atualmente confiando a Deus o fruto do Ventre? Você já tentou tudo o que pode medicamente e ainda parece não haver resultados? Então este é o momento perfeito para você continuar a lembrar a Deus de Sua palavra e promessas para você nesta dor, enquanto você confia completamente Nele para lhe responder.

Compartilharemos com você quarenta versículos bíblicos sobre o fruto do ventre e à medida que você os lê, será uma oração muito grande, que você terá que orar, ao mesmo tempo para experimentar uma rápida intervenção divina, em sua vida.

Mais quarenta versículos bíblicos sobre o fruto do ventre:

Há poder divino em cada escritura inspirada pelo Espírito Santo. Esta oração meditativa aumenta a nossa fé em Deus e nos dá as palavras que devemos usar para orar bem, na lógica do pensamento divino e na fé na palavra de Jesus Cristo.

Não explicaremos todos os versículos, mas só podemos dar algumas palavras sobre alguns deles, são eles:

Os filhos de Israel frutificaram e multiplicaram-se, aumentaram em número e tornaram-se cada vez mais poderosos. E a terra ficou cheia deles. Êxodo 1:7.

Sem fertilidade, os filhos de Israel não poderiam multiplicar-se e tornar-se mais poderosos que os egípcios. A importância da fertilidade na nossa vida, permite-nos multiplicar, encher o país e subjugá-lo. Uma família que se multiplica encherá o país e se tornará mais poderosa e forte para uma boa defesa.

Ele te amará, te abençoará e te multiplicará; ele abençoará o fruto do seu ventre. Você será mais abençoado do que todas as pessoas; não haverá entre vós homem nem mulher estéril, nem animais estéreis entre os vossos rebanhos. Deuteronômio 7:13A-14.

Ele te multiplicará, abençoará o fruto do teu ventre, você será mais abençoado do que todos os povos, ele não terá nem macho nem fêmea nem animal estéril entre vocês, é a obra da fecundidade que dá ao homem todos os privilégios de vida.

Não foi Ele que me criou no ventre de minha mãe? E eles não nos formaram no ventre? **Jó 31:15.**

Foi Deus quem nos fez no ventre de nossas mães através da bênção da fecundidade dos frutos do ventre.

A sua descendência será poderosa na terra: a geração dos retos será abençoada. **Salmos 112:2.**

A posteridade é uma bênção do fruto do ventre, que Deus dá aos seus filhos como deu a Abraão na sua luz noturna.

Ele faz com que a mulher estéril guarde a sua casa e faça dela uma alegre mãe de filhos. Louve o Senhor. **Salmos 113:9.**

Deus abençoa a mulher com fertilidade para que ela possa ser uma mãe alegre entre seus filhos.

Eis que os filhos são uma herança da parte do Senhor, e o fruto do ventre é o seu galardão. **Salmos 127:3.**

A fertilidade é uma recompensa que Deus deu ao homem por sua existência depois dele na terra.

Pois possuíste os meus lombos; cobriste-me no ventre de minha mãe. **Salmos 139:13.**

Sem fertilidade o homem não estaria coberto no ventre da mãe, porque não nasceria.

Pois ele fortaleceu as trancas das tuas portas; ele abençoou seus filhos em você. **Salmo 147:13.**

Deus fortalece as grades das nossas portas, nos abençoando com filhos, frutos do nosso ventre.

Ele apascentará o seu rebanho como um pastor: recolherá os cordeiros com o braço, e os carregará no colo, e conduzirá com delicadeza os que estão com os filhotes. **Isaías 40:11.**

Este versículo fala do Messias que alimentará, reunirá, carregará e conduzirá seus pequeninos. É também uma bênção de fertilidade.

Porque derramarei água sobre o sedento e torrentes sobre a terra seca; Derramarei o meu espírito sobre a tua descendência e a minha bênção sobre a tua descendência; e brotarão como ervas, como salgueiros junto a correntes de águas. **Isaías 44:3.**

Antes de entrar em trabalho de parto, ela deu à luz; antes que sua dor chegasse, ela deu à luz um filho do sexo masculino. Devo dar à luz e não dar à luz? diz o Senhor: darei à luz e fecharei a madre? diz o seu Deus. **Isaías 66:7.**

Antes de te formar no ventre, eu te conheci; e antes de você sair do ventre de minha mãe, eu te santifiquei e te ordenei profeta para as nações. **Jeremias 1:5.**

E bem-aventurada aquela que acreditou, porque se cumprirão as coisas que lhe foram ditas da parte do Senhor. **Lucas 1:45.**

A mulher, quando está em trabalho de parto, sofre porque chegou a sua hora; mas assim que dá à luz, já não se lembra da angústia, da alegria de ter nascido um homem no mundo. **João 16:21.**

Contudo, ela será salva na procriação, se persistirem na fé, na caridade e na santidade com sobriedade. **1Timóteo 2:15.**

Pela fé a própria Sara recebeu forças para conceber uma semente, e deu à luz um filho já ultrapassando a idade, porque julgou fiel aquele que lhe havia prometido. **Hebreus 11:11.**

E servireis ao Senhor vosso Deus, e ele abençoará o vosso pão e a vossa água; e tirarei as doenças do meio de vocês. **Êxodo 23:25.**

Sua esposa será como uma videira frutífera ao lado de sua casa, seus filhos como oliveiras ao redor de sua mesa. **Salmo 128:3.**

E o anjo do Senhor apareceu à mulher e disse-lhe: Eis que és estéril e não darás à luz; mas você conceberá e dará à luz um filho. **Juízes 13:2.**

Por isso eu lhe digo: tudo o que você desejar, quando orar, acredite que você receberá, e você receberá. **Marcos 11:24.**

Vinde a mim, todos os que estais cansados e oprimidos, e eu vos aliviarei. **Mateus 11:28.**

Regozijando-se na esperança; paciente em tribulação; continuando instantaneamente em oração. **Romanos 12:12.**

Espere no Senhor: tenha coragem, e ele fortalecerá o seu coração: espere, eu digo, no Senhor. **Salmo 27:14.**

E reunirei o restante do meu rebanho de todas as terras para onde os expulsei e os trarei de volta aos seus apriscos; e eles darão frutos e aumentarão. **Jeremias 23:3.**

Agora cantarei ao meu amado o cântico do meu amado tocando a sua vinha. O meu amado tem uma vinha num monte muito fértil: **Isaías 5:1.**

José é um ramo frutífero, um ramo frutífero perto do poço; cujos ramos atravessam o muro: **Gênesis 49:22.**

E ao segundo chamou Efraim: Porque Deus me fez prosperar na terra da minha aflição. **Gênesis 41:52.**

E ele partiu dali e cavou outro poço; e por isso eles não lutaram. E ele chamou seu nome de Reobote; e ele disse: Porque agora o Senhor nos preparou um lugar, e prosperaremos na terra. **Gênesis 26:22.**

E disse Deus: Façamos o homem à nossa imagem, conforme a nossa semelhança, e domine ele sobre os peixes do mar, e sobre as aves do céu, e sobre o gado, e sobre toda a terra, e sobre todo coisa rasteira que rasteja pelo chão. Então Deus criou o homem à sua imagem, à imagem de Deus o criou; homem e mulher ele os criou. **Gênesis 1:26-27.**

Porque Deus amou o mundo de tal maneira que deu o seu Filho unigênito, para que todo aquele que nele crê não pereça, mas tenha a vida eterna. **João 3:16-17.**

Pois Deus não enviou o seu Filho ao mundo para condenar o mundo; mas que o mundo através dele possa ser salvo.

Não será ainda muito pouco tempo e o Líbano se transformará num campo fértil, e o campo fértil será considerado uma floresta? **Isaías 29:17.**

Portanto, quero que as jovens se casem, tenham filhos, administrem a casa e não dêem oportunidade ao adversário de falar de forma reprovadora. **1Timóteo 5:14.**

E não vos conformeis com este mundo; mas transformai-vos pela renovação da vossa mente, para que experimenteis qual é esta boa, aceitável e perfeita vontade de Deus. **Romanos 12:2.**

E Israel habitou na terra do Egito, na terra de Gósen; e eles possuíram bens ali, e cresceram e multiplicaram-se excessivamente. **Gênesis 47:27.**

E não só isto, mas também nos gloriamos na tribulação, sabendo que a tribulação produz paciência; E paciência, experiência; e experiência, esperança: E a esperança não envergonha; porque o amor de Deus é derramado em nossos corações através do Espírito Santo que nos é dado. **Romanos 5:3-5.**

O Senhor te ouve no dia da angústia; o nome do Deus de Jacó te defende; Envie ajuda do santuário e fortaleça-se fora de Sião; Lembre-se de todas as suas ofertas e aceite o seu holocausto; Selá Faça conforme o seu coração e cumpra todos os seus conselhos. **Salmo 20:1-4.**

E ele disse: Certamente voltarei para vocês de acordo com o tempo da vida; e eis que Sara, tua mulher, terá um filho. E Sara o ouviu à porta da tenda, que estava atrás dele. **Gênesis 18:10.**

Eu não ordenei você? Seja forte e tenha coragem; não tenha medo, nem se assuste, pois o Senhor, seu Deus, estará com você por onde você andar. **Josué 1:9.**

Pois Sara concebeu e deu à luz um filho a Abraão na sua velhice, no tempo determinado, que Deus lhe falara. **Gênesis 21:2.**

Pois eu conheço os pensamentos que tenho a vosso respeito, diz o Senhor, pensamentos de paz e não de mal, para vos dar o fim esperado. **Jeremias 29:11.**

A palavra de Deus nos diz: Deixe este livro da lei sair da nossa boca, devemos meditá-lo dia e noite para ter sucesso em todos os nossos empreendimentos.

Existe um poder de sucesso na nossa oração, que consiste em meditar na palavra de Deus, por meio do que está escrito no livro da lei, que vamos à Bíblia.

Que o Espírito Santo fale com você nesta oração meditativa, para aumentar sua fé em Deus, através destes versículos bíblicos citados acima no poderoso nome de Jesus Cristo!

A oração após a meditação de quarenta versículos bíblicos:

Leia sua Bíblia e ore todos os dias se quiser crescer! A meditação bíblica e a oração trabalham juntas junto com o louvor e a adoração com canções espirituais.

Cada porta de coisas boas que foi fechada contra meu casamento e meu destino está agora aberta, no poderoso nome de Jesus Cristo!

Toda corrente satânica que prende minha fertilidade quebrada seja quebrada, no poderoso nome de Jesus Cristo!

Meu testemunho de útero aberto e casamento feliz me localiza, no poderoso nome de Jesus Cristo!

Nos meses restantes deste ano, ó Senhor, levante-se e pare minhas lágrimas, no poderoso nome de Jesus Cristo!

Vigilância do poder desviando minhas bênçãos fecundas onde quer que você esteja, fique paralisado, no poderoso nome de Jesus Cristo!

Os cobertores satânicos que cobrem minha barriga pegam o fogo consumidor do Espírito Santo, no poderoso nome de Jesus Cristo!

Eu desmonto todos os obstáculos ao meu testemunho este ano, no poderoso nome de Jesus Cristo!

Meu cálice de fecundidade começa a transbordar, no poderoso nome de Jesus Cristo!

Os restantes dias deste mês ouçam a palavra de Deus... vomitem meus milagres de fertilidade em nome de Jesus Cristo!

Durante os meses restantes do ano, testemunharei da bondade de Deus em minha vida e de minha família em nome de Jesus Cristo!

Pelo poder do Altíssimo, recebo uma colheita de testemunhos em todas as áreas da minha vida, no poderoso nome de Jesus Cristo!

Ó Senhor Jesus Cristo, que qualquer homem ou mulher que não esteja feliz por eu estar feliz, que todas as suas más meditações contra minha pessoa sejam destruídas, no poderoso nome de Jesus Cristo!

Meu pai celestial em nome de Jesus Cristo, não tenho outro salvador, por isso peço-lhe que cuide do meu caso antes que a vergonha se manifeste em minha vida, no poderoso nome de Jesus Cristo!

Você, poder de Deus, entre em meu alicerce e mude minha história para a glória, no poderoso nome de Jesus Cristo!

Ó Senhor Jesus Cristo, através da sua intervenção, ninguém será capaz de explicar o meu milagre, no poderoso nome de Jesus Cristo!

Deus, levante-se e faça o que fará com que os homens notem você em minha vida, no poderoso nome de Jesus Cristo!

Toda maldição de infertilidade trabalhando contra minha vida seja quebrada, no poderoso nome de Jesus Cristo!

Ó Senhor Jesus Cristo, não posso mais ficar assim... Mude minha história para melhor hoje, no poderoso nome de Jesus Cristo!

Que todos os planos dos agentes demoníacos em minha vida, encarregados de me envergonhar conjugalmente, sejam frustrados e paralisados no poder de Jesus Cristo!

É a minha vez de carregar meu bebê no poderoso nome de Jesus Cristo!

Por isso eu lhe digo: tudo o que você pedir em oração, acredite que você recebeu e verá que será realizado. **Marcos 11:24.**

Acredito em todas essas orações feitas no nome glorioso e poderoso de Jesus Cristo! Glória e louvor a ti Senhor Jesus Cristo para sempre! Obrigado Senhor e Salvador Jesus Cristo de eternidade em eternidade. Amém!